LITTLE BLACK BOOK
DER

SCHLAG-FERTIGKEIT

Treffsicher, pfiffig und charmant auf Partys, in Beruf und Co.

CAROLIN LÜDEMANN

ILLUSTRIERT VON KERREN BARBAS

WILEY-VCH Verlag GmbH & Co. KGaA

**Bibliografische Information
der Deutschen Nationalbibliothek**

Die Deutsche Nationalbibliothek verzeichnet diese
Publikation in der Deutschen Nationalbibliografie;
detaillierte bibliografische Daten sind im Internet über
http://dnb.d-nb.de abrufbar.

1. Auflage 2013

Printed in Hong Kong

Gedruckt auf säurefreiem Papier

Satz: Kühn & Weyh, Satz und Medien, Freiburg
Druck und Bindung: Regal Printing Limited, Hong Kong

ISBN: 978-3-527-50702-3

LITTLE BLACK BOOK

DER

SCHLAG-FERTIGKEIT

Inhaltsverzeichnis

Die Krux mit der Schlagfertigkeit

Sir Winston Churchill wurde während einer Abendgesellschaft von Lady Astor scharf attackiert. Ganz und gar nicht zurückhaltend sagte sie zu dem britischen Premier: „Wenn ich Ihre Frau wäre, würde ich Ihnen Gift in den Tee schütten." Daraufhin konterte Churchill: „Wenn ich Ihr Mann wäre, würde ich ihn trinken."

Die Antwort des britischen Premiers ist der Inbegriff der pfiffigen Erwiderung. Spontan, witzig, intelligent und souverän begegnete er der unpassenden Bemerkung von Lady Astor und ging als Gewinner aus dem verbalen Schlagabtausch heraus.

Doch genau in diesem Inbegriff der perfekten Schlagfertigkeit liegt zugleich ein Teil unseres Problems. Wenn wir uns zum Ziel machen, dass nur so eine gelungene Replik aussehen darf, legen wir die Messlatte ganz schön hoch. Tatsächlich gibt es zahlreiche einfachere Techniken, mit denen wir unser Gegenüber in die Schranken weisen können. Wer in der Vergangenheit erlebt hat, dass ihn die stumme Ohnmacht ereilt, der braucht zunächst einmal simplere, aber zugleich effektive Retourkutschen. Anhand derer lassen sich das Selbstbewusstsein und die Gewissheit aufbauen, dass man keineswegs um eine Antwort verlegen ist. Je souveräner und selbstsicherer der Auftritt, umso pfiffiger die Erwiderungen.

Häufig machen insbesondere die soften Methoden der Schlagfertigkeit Sinn. Nämlich immer dann, wenn wir – zum Beispiel im beruflichen Kontext – jemandem begegnen, den wir besser nicht mundtot machen sollten, weil das für uns unangenehme Konsequenzen haben könnte. Würden wir hier zu tief in die verbale Trickkiste greifen, könnte es sein, dass wir selbst das Nachsehen haben und schneller als gedacht aufs Abstellgleis geraten. Manchmal ist Schlagfertigkeit also auch eine Art Notschalter, der das Gespräch auf eine angemessene Ebene zurückführt und der zugleich deutlich macht, dass man so besser nicht mit einem umspringt.

Und nun zu der schlechten Nachricht: Je öfter Sie andere durch schnelle Konter überraschen, umso seltener werden diese Sie in eine solch unangenehme Situation bringen. Jeder Angreifer liebt leichte und berechenbare Opfer. Sobald Sie sich als würdiger und unberechenbarer Gegner erweisen, verderben Sie Ihren Angreifern den Spaß und diese werden sich ganz automatisch mit unpassenden Bemerkungen zurückhalten. Aber das ist dann wohl ein Luxusproblem, mit dem Sie ganz sicher gut leben können.

Und zu guter Letzt vergessen wir nicht: Schlagfertigkeit ist nicht nur ein Mittel, um Angriffe abzuwehren. Schlagfertigkeit kann im uneingeschränkt positiven Sinne eingesetzt werden. Zum Beispiel um Smalltalkgespräche zu initiieren, andere zum Lachen zu bringen und um auf sympathische Art und Weise Zugang zu Menschen zu bekommen.

Kurzum: Wer treffsicher, pfiffig und charmant parieren und parlieren kann, hat in allen Lebenslagen die Nase vorn.

Der stillen Ohnmacht auf der Spur: Warum bleiben wir stumm?

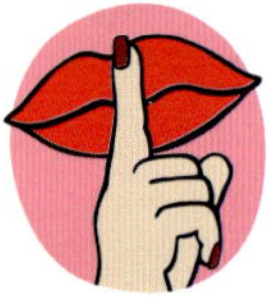

An der Tankstelle konnte ich neulich beobachten, wie eine Frau den Tankwart um Rat fragte. Ein älterer Herr, der vorbei lief und mit dem Geschehen nichts zu tun hatte, konnte sich eine hämische Bemerkung nicht verkneifen und rief zu der jungen Dame hinüber: „Wie wäre es damit, einmal die Gebrauchsanleitung zu lesen?“ Die junge Frau und der Tankwart starrten den Mann mit offenem Mund an, über die Lippen kam ihnen jedoch kein Ton. Wir können uns relativ sicher sein, dass die beiden sich keineswegs eine passende Bemerkung verkniffen haben; vielmehr war ihnen im Eifer des Gefechts schlicht und ergreifend nichts eingefallen. Somit zog der ältere Mann als Sieger vom Feld, setzte sich in sein Auto und fuhr wohl gelaunt davon.

Es würde mich nicht wundern, wenn sich die junge Frau keineswegs so gut gefühlt hat, wie der Mann, der die unpassende Bemerkung vom Stapel ließ. Sie kam sich selbstverständlich nicht wie eine Siegerin, sondern wohl eher wie eine Verliererin vor. Nicht nur, dass sie gerade ein technisches Problem zu bewältigen hatte, um den Spott musste sie sich ebenfalls nicht sorgen. Dafür kam dann extra der „Opa von Welt“ vorbei, der sich durch einen blöden Spruch auf ihre Kosten produzierte. Da wäre es wirklich höchste Zeit gewesen, den Siegeszug des unerwünschten Dritten aufzuhalten. Es fragt sich nur wie?

Diese Situationen spielen sich Tag für Tag in diversen Varianten in unserem Umfeld ab. Und ich bin sicher: Auch Sie haben diese stumme Ohnmacht öfter erlebt, als Ihnen lieb ist. Sehr wahrscheinlich ist Ihnen Minuten oder Stunden nach der verbalen Attacke so einiges eingefallen, was Sie dem Spötter um die Ohren hätten hauen können. Nur leider ist es dafür jetzt zu spät. Ihr „Feind" hat sich schon längst vom Acker gemacht und den Sieg stolz davongetragen – während Sie noch immer darüber grübeln, wie schön es gewesen wäre, ihm eine freche Bemerkung entgegen zu schleudern. Vermutlich sind Sie in Gedanken nun umso kreativer. Das ändert in den meisten Fällen jedoch nichts daran, dass Ihnen auch beim nächsten Mal nichts einfallen wird – oder zumindest dann nicht, wenn Ihnen der Angreifer noch gegenübersteht.

Treffenderweise bezeichnen die Franzosen die Schlagfertigkeit daher als „les mots d'escalier". Darin kommt zum Ausdruck, dass es sich hierbei um Worte handelt, die einem erst auf der Treppe, das heißt beim Weggehen einfallen. Doch in diesem Moment ist es für eine pfiffige Erwiderung schon zu spät – die Wege von Angreifer und Angegriffenem haben sich schon längst getrennt. Klar ist auch, dass man jetzt nicht zurück rennen kann, um sich der Debatte erneut zu stellen oder dem anderen den kreativen Geistesblitz hinterher zu rufen.

Doch fragen wir uns einmal, warum so viele Menschen diese stumme Ohnmacht erleben. Es handelt sich dabei nicht nur um schüchterne Menschen, sondern ebenso häufig um Personen, die normalerweise keineswegs auf den Mund gefallen sind und denen es auch sonst nicht an Selbstbewusstsein mangelt. Als Erklärung für diese Reaktion muss herhalten, dass es mit unserer Sprachlosigkeit eine uralte Bewandtnis hat. In Zeiten, als wir noch als Jäger und Sammler unterwegs und auf der Suche nach Feuerholz und Nahrung unerwarteten Gefahren ausgesetzt waren, war Redegewandtheit nicht gerade ein Garantieschein fürs Überleben. Während wir arglos Beeren pflückten, blinzelte uns durchs

Gebüsch womöglich plötzlich der Säbelzahntiger an. Nun war es ratsam, nicht mehr lange zu überlegen oder gar auf Worte zu vertrauen, sondern schnell eine Entscheidung zu treffen: Kampf, Flucht oder Paralyse? Bei keiner der drei Varianten benötigten wir rhetorisch ausgefeilte Geistesblitze: Der Säbelzahntiger war weniger mit Worten denn mit Taten zu bezwingen. Unser Körper tat daher etwas sehr Sinnvolles für uns: in Windeseile setzte er jede Menge Adrenalin frei, das eine Steigerung der Herzfrequenz und des Blutdrucks erzeugt. Dadurch waren wir in der Lage, kraftvoll zu kämpfen oder schnell zu fliehen. Damit einher geht jedoch ein (heute lästiger) Nebeneffekt: Das bewusste Denken wird reduziert, unser Blut fließt schwerpunktmäßig in unsere Extremitäten und in unserem Kopf herrscht gähnende Leere. Nicht gerade die besten Voraussetzungen, wenn man auf der Suche nach einer entwaffnenden Erwiderung ist. Denn obwohl unsere Gegenüber keine Säbelzahntiger mehr sind, sind unsere Reaktionen immer noch vergleichbar. Vor lauter Schreck (über eine unverschämte Bemerkung) bahnt sich das Adrenalin seinen Weg und das bewusste Denken lässt uns im Stich. Kein Wunder also, dass einem die tollsten Erwiderungen erst einige Zeit später einfallen. Nämlich dann, wenn das Adrenalin sich gelegt und wir wieder zu gedanklichen Normalleistungen im Stande sind.

Manchmal berichten Menschen auch davon, dass sie bei verbalen Angriffen keineswegs um eine Antwort verlegen sind, sondern vielmehr das Problem haben, dass sie über das Ziel hinausschießen. Im Ergebnis müssen Sie sich dann nicht selten bei Ihrem Gegenüber entschuldigen, obwohl dieser die Retourkutsche ja regelrecht provoziert hat. Für diese Überreaktion können wir ebenfalls dem Adrenalin die Schuld in die Schuhe schieben. Diese starke Reaktion ist nichts anderes, als der „Kampf" mit Worten. „Fluchten" wiederum lassen sich beobachten, wenn Angegriffene auf dem Absatz kehrtmachen und zur Tür heraus rennen. Die uralten Reaktionsmuster haben uns also auch heute noch fest im Griff.

Es stellt sich nun die Frage, wie man dieser Falle entkommen kann. Sicher ist, dass der zusätzliche Stress, unter den wir uns setzen, indem wir von uns die brillantesten Erwiderungen erwarten, keine Hilfe ist. Stattdessen sollten wir uns zunächst einmal Zeit nehmen und uns daran erinnern, dass wir keineswegs *sofort* parieren müssen. Erstaunlicherweise sind Angreifer so neugierig auf Reaktionen und derart begierig auf Bestätigung, dass sie durchaus bereit sind, ein paar Sekunden länger darauf zu warten. Warum also überstürzen, was man auch langsam angehen könnte?

Fragen Sie sich außerdem, was Sie automatisch tun, wenn Sie sich erschrecken. In den meisten Fällen halten Sie jetzt nämlich erst einmal die Luft an. Das ist nicht gerade hilfreich, wenn es unserem Gehirn sowieso schon an Durchblutung mangelt. Kurzum: Bevor Sie reagieren, schnappen Sie am besten erst einmal nach Luft und atmen Sie tief durch.

Manch einem hilft es auch, wenn er sich sein Gegenüber in der Feinripp-Unterhose vorstellt. Dann verliert der Angreifer schnell einiges an Schrecken oder lädt sogar zum Schmunzeln ein.

Des Weiteren soll es eine beruhigende Wirkung auf uns haben, wenn wir mit unseren Zehen wackeln. Was sich auf den ersten Blick fast schon unglaubwürdig anhört, kann auf den zweiten Blick wissenschaftlich durchaus überzeugend erklärt werden. Babys wackeln mit den Zehen, wenn sie sich wohlfühlen. Selbst Erwachsene tun dies gern noch vor dem Einschlafen. Man geht davon aus, dass dieses Zehenwackeln unserem Gehirn signalisiert, dass alles in bester Ordnung ist und kein Grund zur Sorge besteht. Daher lautet die Empfehlung: Immer dann, wenn Sie sich unsicher oder unwohl fühlen, sollten Sie kräftig mit den Zehen wackeln. Dadurch aktivieren Sie eine Art „Expressleitung“ ins Gehirn, die die Botschaft überbringt, dass alles gut ist. Augenblicklich sollen wir dementsprechend ruhiger werden und dann eben auch auf pfiffige Erwiderungen kommen. Wann immer ich Klienten diesen Tipp empfohlen habe, habe ich zunächst ungläubiges Erstaunen geerntet, dann jedoch wurde mir der Erfolg vielfach bestätigt. Ich weiß bis heute nicht, ob es daran liegt, dass diese wissenschaftliche Theorie einfach wirklich so perfekt funktioniert oder ob der Grund vielmehr darin zu sehen ist, dass wir vor lauter Konzentration auf das Zehenwackeln gar keine Zeit mehr haben, an unsere Nervosität und den mangelnden Einfallsreichtum zu denken. Wie auch immer, die Hauptsache ist ja, dass das Ganze funktioniert. Insofern gilt: Viel Spaß und gute Beruhigung bei der Zehengymnastik!

Körpersprache: Starke Worte brauchen starke Signale

Glauben wir der Wissenschaft, so gewinnen wir innerhalb von drei Sekunden einen Eindruck davon, mit wem wir es zu tun haben. Da diese Zeitspanne sehr kurz ist, geht man davon aus, dass über den ersten Eindruck hauptsächlich nonverbale Signale entscheiden. Dazu gehören Mimik, Gestik, Körperhaltung und natürlich auch die Kleidung. Noch bevor wir also den Mund aufgemacht haben und einen einzigen Ton von uns gegeben haben, hat unser Gegenüber schon längst entschieden, wen er da vor sich hat. Das bedeutet dann auch, dass Körpersprache eine größere Rolle spielt, als wir zuvor womöglich gedacht haben. Denn nach dem ersten Eindruck bleibt erst mal alles so, wie wir meinen, es gesehen zu haben. Die meisten Menschen gehen davon aus, dass sie sich auf ihren ersten Eindruck verlassen können und hinterfragen diesen dementsprechend nicht mehr. Selbstverständlich ist es sehr viel bequemer, wenn wir uns in unseren Eindrücken bestätigen können, als wenn wir diese hinterfragen müssten.

Außerdem sind wir nach dem ersten Eindruck gar nicht mehr in der Lage, objektiv einen Blick auf eine Person zu werfen. Vielmehr nehmen wir die Verhaltensweisen, die zu unserem subjektiven ersten Eindruck passen, deutlich stärker wahr als diejenigen, die diesem widersprechen würden. Daraus folgt das Fazit: Der erste Eindruck prägt und bleibt uns erhalten. Streng genommen bedeutet das jedoch noch nicht, dass unser erster Eindruck tatsächlich zutreffend ist. Dies haben Studien vielfach bewiesen. Nichtsdestotrotz glaubt die Masse an diesen ersten Eindruck und damit sind auch wir auf ihn angewiesen.

Körpersprache spielt jedoch nicht nur im ersten Eindruck eine ganz entscheidende Rolle, sondern selbstverständlich auch darüber hinaus. Vielfach bekannt und zitiert ist der Ausspruch von Paul Watzlawick, dass wir „nicht nicht kommunizieren" können. Das bedeutet, dass wir ununterbrochen etwas „sagen", selbst dann, wenn wir gerade nichts sagen. Denn unser Körper spricht Bände und zwar ohne Unterbrechung. Tragischerweise ist Körpersprache daher eben auch sehr verräterisch, oder positiv formuliert, sehr ehrlich. Wir denken über das nach, was wir sagen – die Körpersprache zu steuern ist dagegen schon deutlich schwieriger. Daraus folgt auch, dass wir körpersprachlich manchmal etwas mitteilen, was wir mit Worten niemals preisgeben würden.

In diesem Zusammenhang interessant ist die Tatsache, dass es häufig immer wieder die gleichen Menschen trifft, die sich mit verbalen Attacken herumschlagen müssen – andere wiederum haben damit so gut wie nie zu tun. Ich behaupte, dass sich Angreifer am liebsten leichte Opfer suchen. In so einem Fall ist die Beute natürlich sehr viel einfacher zu erlegen, als wenn man mit großer Gegenwehr rechnen müsste. Angreifer suchen sich stets ein leicht zu beherrschendes unvorhersehbares Ziel aus. Doch woher nehmen sie die Gewissheit, dass es sich bei Ihnen um so ein leichtes Spiel handelt? Im Lauf der Zeit natürlich daher, dass es schon so oft so gut funktioniert hat, Sie in Verlegenheit zu bringen. Doch das allererste Mal, als man Sie attackierte, war das anders. Ohne dass ich Ihnen die Schuld in die Schuhe schieben möchte: Möglicherweise haben Sie jedoch unbewusst durch eine Vielzahl von Signalen Ihrem Gegenüber den Eindruck vermittelt, dass man es mal mit Ihnen probieren könnte. Als Sie dann der verbalen Attacke auch noch sprachlos gegenüberstanden, war Ihr Schicksal dann gleich noch für die Zukunft besiegelt. Die gute Nachricht hierbei lautet, dass wir sehr wohl steuern können, ob wir uns als Opfer anbieten wollen oder eben nicht.

Um in diesem Zusammenhang eine Zahl zu nennen: Der Körperspracheexperte Samy Molcho geht davon aus, dass 80 Prozent unserer Kommunikation auf nonverbalem Wege stattfindet. Fragen wir uns also, was wir tun können, um zu 80 Prozent unserem Gegenüber zu signalisieren, dass wir als Opfer verbaler Attacken nicht zur Verfügung stehen.

Hände sprechen Bände

Wie setzt ein selbstbewusst agierender Mensch seine Hände ein? Versteckt er sie in der Hosentasche? Kratzt er sich damit häufig im Gesicht? Fährt er sich damit nestelnd durch die Haare? Nimmt er sie passiv hinter den Rücken? Nein, selbstverständlich tut er nichts von alledem. Hände gehören sichtbar vor dem Körper und werden auf Bauchnabelhöhe gehalten. Es empfiehlt sich dabei, sie lose ineinander zu verschränken (bitte ohne daraus verkrampfte Fäuste zu machen).

Aufgepasst: jede Geste, die unterhalb der Gürtellinie stattfindet, gilt als Geste im negativen Bereich und ist daher zu vermeiden.

Hände, die ins Gesicht wandern und mit denen man sich mal schnell an der Nase kratzt oder durch die Haare fährt, signalisieren Unsicherheit.

Als wäre es damit nicht schon genug: Verschränkte Arme vor dem Oberkörper senden ebenfalls negative Signale. Das hängt damit zusammen, dass der Gegenüber bei so einer Haltung Ihre Hände nicht gut sehen kann. In früheren Zeiten galt genau das als Zeichen von Bedrohung. Diese Haltung konnte schlicht und ergreifend bedeuten, dass der andere bewaffnet ist und uns in Kürze Schlimmes blüht.

Nun stellt sich die Frage, wie diese Körperhaltung als Reaktion auf einen verbalen Angriff zu werten ist. Einerseits kann man sagen, dass eine geschlossene Körperhaltung als Zeichen latenter Bedrohung ja gar nicht unpassend wäre. Immerhin würde das unserem Gegenüber zeigen, dass er sich auf etwas Unvorhergesehenes gefasst machen sollte. Andererseits gilt die geschlossene Haltung auch als Zeichen von Unsicherheit, weil man durch sie die empfindliche Körpermitte schützt, sich an sich selbst festhält und diese Haltung häufig der Verlegenheit entspringt. In der Gesamtheit betrachtet, erscheint daher die verschränkte Armhaltung niemals empfehlenswert. Besonders verräterisch wird sie übrigens dann, wenn wir sie plötzlich einnehmen. Zum Beispiel: Jemand greift Sie verbal an und Sie verändern schlagartig Ihre Haltung, zum Beispiel indem Sie die Arme verschränken. Jetzt ist auch dem letzten Anwesenden klar geworden, dass hier jemand eine Schutzhaltung einnimmt und dass der verbale Angriff voll ins Schwarze getroffen hat.

Manch einer möchte sich vielleicht ein Beispiel an Angela Merkel nehmen: Sie baut häufig mit den Händen ein Spitzdach und sendet damit Signale von Dominanz, Durchsetzungskraft, Autorität und Kampfbereitschaft. Jedoch soll nicht verschwiegen werden, dass nicht wenige Menschen diese Haltung als aufgesetzt und „gewollt“ empfinden.

Standbreite

Hier können die Damen von den Herren lernen und die Herren von den Damen. Denn die Wahrheit liegt wie so oft in der goldenen Mitte. Während Männer dazu neigen, zu viel Raum für sich in Anspruch zu nehmen, haben Frauen die

Tendenz, sich zu schmal zu machen. Während Männer mit den beiden Beinen gern mal „zig Kilometer“ auseinander stehen, stellen Frauen die Füße zu eng nebeneinander oder verschränken diese sogar im Stehen. Doch es gilt die Devise: Wer viel Raum für sich in Anspruch nimmt, nimmt viel Macht für sich in Anspruch. Wer also wenig Raum beansprucht, mimt wenig Durchsetzungskraft. Wer dagegen zu viel des Guten an Raum einnimmt, offenbart ein gefühltes Über-Unterordnungs-Verhältnis. Beides ist nicht optimal. Somit gilt für beide Geschlechter die Empfehlung, dass Beine stets hüftbreit aufgestellt werden sollten – nicht mehr, aber auch nicht weniger.

Kopfhaltung

Frauen signalisieren aktives Zuhören am liebsten dadurch, dass sie mit dem Kopf nicken und Worte wie „ja“ murmeln. Männer sehen in diesen

Gesten ein Zeichen von Zustimmung. Wenn frau danach also vehement widerspricht, kommt Männern verständlicherweise die Logik abhanden. Kein Wunder also, dass dieses Aufeinandertreffen von zwei Welten hin und wieder für Zündstoff sorgt. Aufmerksames Zuhören kann man also besser und eindeutiger signalisieren, indem man den Blickkontakt hält und statt „ja" einfach „aha" oder „hm" murmelt. Auch ist davor zu warnen, den Kopf schräg zu halten. Wir zeigen dadurch eine sehr empfindliche in Form unserer Halsschlagader. Was in der Tierwelt Unterwerfung bedeutet, wird uns auch in unserem Alltag nicht zum Vorteil gereicht. Die Schräglage gilt als Zeichen von Emotionalität und ist Ausdruck des Wunsches, dem anderen zu gefallen. Solche Signale sendet für gewöhnlich ein Mensch, der Vertrauen in seinen Gegenüber hat und dem daran gelegen ist, Nähe herzustellen. Eine gerade Kopfhaltung dagegen lässt keine verräterischen Deutungen zu und ist somit besonders empfehlenswert.

SITZHALTUNG

Auch hier erleben wir häufig einen Gegensatz zwischen Männer- und Frauenwelt. Während die Herren die Sitzfläche eines Stuhls bedenkenlos ausfüllen, die Füße weit von sich strecken, die Knie gefühlt in „verschiedenen Stadtteilen“ (also weit auseinander) platzieren und die Ellbogen auf der Armlehne ablegen, machen sich Frauen oft zu schmal. Sie sitzen auf der Stuhlkante oder allenfalls mittig, schlagen die Beine übereinander, packen die Hände auf die Oberschenkel und ehe man es sich versieht, ist von ihnen körpersprachlich nicht mehr allzu viel übrig. Doch bedenken wir erneut: Wer wenig Raum für sich in Anspruch nimmt, nimmt wenig Macht für sich in Anspruch – und umgekehrt. Während die ausladende Körperhaltung der Herren überheblich wirkt, wirkt die schmale Haltung der Frauen unsicher. Zwar ist bei den Damen nichts dagegen zu sagen, dass die Beine übereinander geschlagen werden – jedoch sollte dann darauf geachtet werden, dass der Oberkörper nicht zusätzlich schmal gehalten wird. Das bedeutet, dass Ellbogen auf die Armlehne gehören und Hände sichtbar (gegebenenfalls sogar auf dem Tisch) platziert werden.

Die Herren denken bitte unbedingt daran, dass ein breitbeiniges Sitzen als unangemessene Genitalpräsentation gewertet wird und halten die Knie darum in unmittelbarer Nähe zueinander.

LÄCHELN

Ein Lächeln sagt mehr als tausend Worte. Das gilt in unserem Fall in besonderem Maße. Ein Lächeln ist Zeichen von Selbstsicherheit, Kontaktstärke, Freundlichkeit, manchmal Zustimmung und sehr oft Freude. Es wird daher nur von Menschen verwendet, die in der jeweiligen Situation Herr der Lage sind. Daher gilt in verlegenen Momenten: Ein Lächeln signalisiert Stärke und darf nicht abhanden kommen. Wenn Sie die folgenden Seiten studieren, wird Ihnen daher auffallen, dass das Lächeln wichtiger Bestandteil vieler Schlagfertigkeitstechniken ist. Oftmals zeigen wir unserem Gegenüber nämlich gar nicht, dass wir seine Bemerkung als Angriff gewertet haben.

Und wie könnte man das besser beweisen als mit einem charmanten Lächeln?

Frauensprache – Männersprache

Bemühen wir noch einmal Sir Winston Churchill und Lady Astor, um zu verdeutlichen, um was es uns geht: So soll Winston Churchill zu Lady Astor einst gesagt haben, dass eine Frau im Parlament vergleichbar sei mit einer Frau, die in sein Badezimmer eindringt. Lady Astor konterte daraufhin: „Sie sind nicht attraktiv genug, um solche Befürchtungen haben zu müssen."

Offensichtlich war Churchill wenig begeistert von der Anwesenheit einer Dame im Parlament. Seine spitzen Bemerkungen machten der betreffenden Dame jedoch offensichtlich keine Schwierigkeiten oder zumindest gelang es dieser, stets eine geniale Erwiderung parat zu haben.

Fast schon erstaunlich, denn für gemeinhin stellt man fest, dass Frauen grundsätzlich gefährdeter sind, um eine Antwort verlegen zu sein. Das hat nichts damit zu tun, dass Frauen sprachlich generell unterlegen wären – ganz im Gegenteil. Die Frage ist vielmehr, ob es Frauen auch gelingt, ihr vorhandenes sprachliches Geschick auf die Straße zu bringen. Und genau hier scheinen Männer die Nase vorn zu haben oder besser gesagt, kommunizieren Männer unerschrockener, als das Frauen tun.

Man führt dieses Ungleichgewicht darauf zurück, dass Frauen tendenziell beziehungsorientiert agieren und kommunizieren. Sie wollen niemanden verletzen und nehmen ausgeprägte Rücksicht auf die emotionalen Befindlichkeiten anderer Menschen. Kommunikation ist für sie ein Gradmesser der Beziehungsqualität. Genau darum empfinden sie es als besonders irritierend, wenn sich Konflikte auftun, Gespräche unharmonisch verlaufen und verbale Angriffe erfolgen. Da Unterhaltungen ein Gradmesser der Beziehungsqualität sind, ist jede Gefährdung dieser harmonischen Form der Kommunikation ein Zeichen dafür, dass das Verhältnis untereinander gestört ist.

Männer dagegen kommunizieren tendenziell dominanzorientiert. Sie sehen in Unterhaltungen weniger ein Abbild der Beziehungsqualität, sondern klopfen in Gesprächen vielmehr den eigenen Status ab, möchten die eigene Position orten, sichern oder ausbauen.

Im Ergebnis bedeutet das, dass Frauen durch ihren Fokus auf die Beziehungsqualität oftmals stumm bleiben, aus lauter Furcht, den anderen verletzen zu können. Männer wiederum sehen es als selbstverständlich an, dass man sich auch in

Gesprächen miteinander misst und diese nicht immer harmonisch verlaufen müssen. Männer können zum Beispiel prima mit einem Kontrahenten nach einer Besprechung ein Bier trinken gehen – Frauen könnten demjenigen kaum mehr ins Gesicht sehen.

Eine Anekdote zum Abschluss, die das Problem verdeutlicht:

Mit meinem Mann weilte ich vor einiger Zeit in Hamburg. Das Hotel stellte uns für die Zeit unseres Aufenthalts einen Kleinwagen zur Verfügung, mit dem wir die Stadt erkunden konnten. Auf dem Weg von der Rezeption zum Auto begleitete uns der Portier. Ich fühlte mich bemüßigt, eine Unterhaltung zu beginnen und sagte, dass es toll sei, dass wir nun auf eigene Faust mit einem Wagen in die Stadt fahren könnten, um eine kleine Besichtigungstour zu starten. Mein Mann kommentierte daraufhin: „Also eigentlich fahren wir ja nur zum Essen." Zwar hatte er durchaus Recht – wir waren tatsächlich auf dem Weg zum Mittagessen. Meine Worte zeugten jedoch vielmehr von dem Bedürfnis, unseren

Weg mit einer kleinen, netten Unterhaltung zu füllen, wohingegen mein Mann deutlich mehr Wert auf die Fakten legte. Ich tröstete mich über die kommunikative Bauchlandung damit hinweg, dass der Portier ebenfalls ein Mann war und die Entwicklung der „Unterhaltung“ hoffentlich völlig normal fand ...

Das oberste Prinzip: Verwirrung stiften

Es wundert mich manchmal, wie hoch unser Anspruch an uns selbst ist, wenn wir eine blöde Bemerkung parieren möchten. Wir erwarten von uns, dass wir schnell, angemessen, intelligent, charmant, souverän und am besten auch noch lustig reagieren. Warum wollen Sie sich eigentlich so viel Mühe damit machen, einen Sprücheklopfer ins Abseits zu stellen? Häufig sind die Bemerkung der Gegenseite doch auch keine intelligenten Offenbarungen – warum also muss die Erwiderung ein rhetorischer Höhenflug sein?

In den allermeisten Fällen reicht es doch völlig aus, dem anderen klarzumachen, dass er mit seinen Bemerkungen an der falschen Adresse ist und wir uns das jetzt und in Zukunft nicht bieten lassen. Kurzum: Wir machen klar, dass es sich bei uns keineswegs um ein leichtes Opfer handelt. Dafür benötigen wir jedoch keine rhetorischen Feinsinnigkeiten. Wir benötigen nicht mal eine logische Reaktion. Denn genau diese wird von der Gegenseite erwartet.

Wir können nicht anders, als in jedem Verhalten die Logik zu suchen. Normalerweise geht diese Rechnung ja auch auf: In den meisten Fällen ist das, was wir tun und was wir sagen, logisch auf Vorangegangenes oder eben auch auf Zukünftiges ausgerichtet. Wenn Sie jedoch dem Grundsatz folgen, dass Sie sich keinesfalls als leichtes Opfer anbieten möchten, dann bedeutet das, dass Sie keinesfalls ein berechenbares Opfer sein dürfen. Und das wiederum heißt, dass Sie nicht logisch reagieren dürfen. Die größten Erfolge erzielen Sie, wenn es Ihnen gelingt, Ihr Gegenüber hoffnungslos zu verwirren. Um es salopp zu formulieren: Wir machen es uns zum Leitsatz, Müll mit Müll zu beantworten.

Der größte Fehler, wäre der, dass Sie auf einen Angriff vorhersehbar reagieren oder diesen gar mühevoll beantworten. Wenn der Kollege mit den Worten „Na, tratschen wir mal wieder am Telefon?“ vorbei schlendert, dann fühlen sich die meisten Betroffenen gemüßigt, diese Unterstellung richtig zu stellen. Sie erklären dann, dass sie mit einem Kunden telefoniert hätten und es Probleme bei der Lieferung gegeben hätte. Sie tun somit nichts anderes, als sich zu rechtfertigen, obwohl das überhaupt gar nicht notwendig gewesen wäre. Ich glaube, dass dieses Bedürfnis nach Rechtfertigung dem Wunsch entspringt, dass andere uns nicht falsch und ungerecht beurteilen. Es ist uns sehr oft einfach viel zu wichtig, was andere von uns denken. Aber mal ganz ehrlich: Ist das wirklich relevant? Müssen Sie nicht ohnehin selbst entscheiden, was Sie für richtig oder falsch, für vertretbar oder unvertretbar, für angemessen oder unangemessen halten? Ist es wirklich nötig, dass Sie für Ihr Tun die Absolution von anderen erhalten? Wohl besser nicht. Denn dann würden Sie Ihr Gefühlsleben in die Hände anderer geben und diese dürften dann darüber entscheiden oder Sie sich gut oder schlecht fühlen.

Wem es schwer fällt, sich von blöden Bemerkungen zu distanzieren, dem empfehle ich, sich gedanklich eine Ritterrüstung zuzulegen. Sobald sich jemand unpassend benimmt, klappen wir unser Visier zu und es kann uns kein verbaler Angriff mehr treffen. Stattdessen prallt die Bemerkung an der glänzenden Ritterrüstung ab und fällt scheppernd zu Boden. Wem die Ritterrüstung nicht gefällt, dem stehen selbstverständlich Alternativen offen: Manch einer stellt sich lieber vor, dass er ein Schutzschild vor sich trägt oder von einem goldenen Schleier schützend eingehüllt wird. In einem Seminar hat mich ein Teilnehmer einst gefragt, ob ich es tatsächlich für eine gute Idee halte, sich auf diese Art und Weise

von anderen zu distanzieren. Um das klar zu beantworten: Nein, das denke ich nicht generell. Ich weiß nur, dass diese Ritterrüstung Ihnen eine unschätzbare Hilfe ist, um Abstand von verletzenden Bemerkungen zu gewinnen. Keineswegs möchte ich Ihnen für den Rest Ihres Lebens und in allen Situationen Ihres Alltags raten, als Ritter durch die Gegend zu schreiten und alles und jeden auf Distanz zu halten. Ritterrüstungen brauchen wir erst dann, wenn wir von anderen zum Kampf aufgefordert wurden.

Entleihen wir uns die ursprüngliche Bedeutung des Wortes Schlagfertigkeit, so wird uns klar, dass es sich hierbei tatsächlich um einen kriegerischen Begriff handelt. Ursprünglich ist dieses Wort nämlich dem Militär scheinbar entliehen und bezeichnet die sofortige Einsatzbereitschaft einer Truppe. Erst seit dem 19. Jahrhundert verstehen wir unter dem Begriff der Schlagfertigkeit, dass wir um keine Antwort verlegen sind. Eine Ritterrüstung erscheint in diesem Zusammenhang also gar nicht so unangemessen ...

Konterstrategien

Als George Bernard Shaws Stück *Candida* 1935 in New York aufgeführt wurde, übermittelte er der Hauptdarstellerin Cornelia Skinner per Telegramm: „Ausgezeichnet, unübertrefflich." Miss Skinner sah das etwas anders und meldete sich zurück: „Lob unverdient." Daraufhin Shaw: „Ich meinte das Stück." Und Cornelia Skinner antwortete: „Ich ebenfalls."

Das Wichtigste vorweg: Schlagfertigkeit kann man lernen. Auch wenn manche Menschen das bezweifeln, ich habe schon vielfach in Seminaren erlebt, dass das gekonnte Kontern kein Buch mit sieben Siegeln ist und erst recht keinem in die Wiege gelegt wurde. Statt geborenen Schlagfertigkeitsprofis gibt es vielmehr Menschen, die es gelernt haben, bei unsachlichen Angriffen Ruhe zu bewahren und die sich mit Taktiken beschäftigt haben, mit deren Hilfe sie Angreifer in die Schranken weisen können. Immer vorausgesetzt, wir sprechen hier nicht von einer Form der Schlagfertigkeit, die dem anderen das Wort im Mund herumdreht und daher sehr individuell auf die unpassende Bemerkung eingeht. Diese Form der Schlagfertigkeit ist tatsächlich eine Kunst, die man nicht von heute auf morgen, sondern nur im

Laufe der Zeit erlernen kann. Voraussetzung dafür ist die Gewissheit, dass man auch in heiklen Situationen verbal reagieren kann – und zwar zunächst einmal mit den einfachen Konterstrategien. Je öfter und erfolgreicher Sie diese einfachen Konterstrategien anwenden, umso größer wird das Selbstvertrauen und Sie werden sich in der Folge wundern, welche zündenden Ideen Ihnen darüber hinaus dann plötzlich einfallen. Ich halte es nicht für ratsam, sich sofort an die Königsklasse der Schlagfertigkeit, nämlich eben an diese individuellen Reaktionen – wie wir sie oben bei Cornelia Skinner und George Bernard Shaw beobachten durften – heranzuwagen. Vielmehr möchte ich Ihnen zunächst ganz simple Varianten vorstellen, mit denen Sie Ihr Gegenüber das Staunen lehren können. Das Gute an diesen Varianten ist die Tatsache, dass Sie sich davon nur zwei bis drei Alternativen merken müssen. Es ist vollkommen irrelevant wie genau die freche Bemerkung lautet, gegen die Sie sich zur Wehr setzen möchten. Unsere simplen Konterstrategien passen nämlich buchstäblich auf jede Attacke. Denn vergessen wir nicht: Es geht uns in allererster Linie darum, den anderen zu verwirren. Und darum dürfen wir Müll mit Müll beantworten. Und warum sollten wir uns überhaupt so viel Mühe mit dem Angreifer machen? Da haben wir doch wirklich Besseres zu tun. Oder anders gefragt: Warum schwierig, wenn wir auch auf einfachem Wege unser Ziel erreichen können?

ANGRIFFE DÜRFEN IGNORIERT WERDEN

Sie allein haben das Recht, zu entscheiden, auf welchen Angriff Sie reagieren wollen und auf welchen nicht. Niemand kann Sie zwingen, auf etwas einzugehen, wenn Sie das nicht möchten. Vielmehr kann es wirkungsvoller sein, einen anderen nicht niederzureden, sondern ihn souverän „niederzuschweigen".

Wahrscheinlich lesen Sie dieses Buch jedoch, weil Sie in Zukunft schnell, angemessen und intelligent kontern möchten. Nun sage ich Ihnen, dass das verbale Kontern nicht sein muss. Das klingt auf den ersten Blick wahrscheinlich unbefriedigend. Doch vergessen Sie nicht, dass wir in diesem Zusammenhang nicht von dem unbewussten Schweigen sprechen, welches Sie in der

Vergangenheit kennen gelernt haben. Wir meinen das bewusste und gewollte Schweigen. Es hat daher nichts mit der Verlegenheit vergangener Tage zu tun und dem damit einhergehenden Gefühl der Niederlage, weil einem keine rhetorische Erwiderung geglückt ist. Einen Angriff ignorieren Sie in Zukunft nur dann, wenn Sie ihn ignorieren wollen. Und nicht, weil Sie ihn mangels Einfallsreichtum ungewollt unkommentiert stehen lassen müssen.

Genau genommen haben Sie hierfür zwei verschiedene Möglichkeiten. Sie können so tun, als hätten Sie gar keine unpassende Bemerkung registriert und schalten auf Durchzug. Oder Sie lassen Gestik und Mimik für sich sprechen – sparen Sie sich jedoch auch hier jeglichen verbalen Kommentar.

1. *Auf Durchzug schalten*
   Sprücheklopfer sind erst dann zufrieden, wenn ihre Bemerkung gehört wurde und in Verlegenheit bringen konnte. Daraus folgt, dass Angreifer höchst unzufrieden werden, wenn sie nicht wissen, ob ihre Worte bemerkt wurden bzw. getroffen haben. Nun ist es jedoch auch so, dass ein verbaler Angriff in den meisten Fällen einer akuten Situation entspringt.

Das bedeutet, dass der Angreifer nicht einfach seine Attacke wiederholen kann. Haben Sie auf Durchzug geschaltet, bringen Sie den anderen um seine Genugtuung.
Davon ganz abgesehen, sollten wir uns nicht einbilden, dass eine verbale Retourkutsche den anderen ändern könnte. Allenfalls traut man sich nicht mehr, Ihnen diese Angriffe zu servieren. Generell werden wir den anderen nicht davon abbringen können und aus ihm sicher keinen besseren, emotional intelligenteren Menschen machen. Als überlegen Sie sich, ob es nicht manchmal auch einfach so ist, dass der Klügere zwar nicht nachgibt, aber schweigt: Wollen Sie wirklich mit Ihrer Schwiegermutter über Kindererziehung diskutieren? Wollen Sie wirklich der Nachbarin erklären, dass Ihr neues Auto zwar größer, aber dennoch kein Spritfresser ist? Wollen Sie dem Kollegen wirklich sagen, dass Ihr Mittagessen aus der Kantine auch nicht mehr Kalorien hat, als die drei Milchschnitten, die er heute schon verputzt hat?
Und schließlich ist es nicht selten so, dass ein Schweigen einen Angriff nachwirken und deutlich werden lässt. Nun werden Sie sich

fragen wozu das denn gut sein soll? Ganz einfach: Werden Sie vor einer größeren Gruppe angegriffen, so kann das Schweigen des Angegriffenen den Angreifer im Handumdrehen ins Abseits stellen. Wehren Sie sich dagegen unmittelbar gegen den Angriff, so verfolgt das Publikum den Schlagabtausch, stellt sich aber (noch) nicht eindeutig auf Ihre Seite. Das sieht ganz anders aus, wenn Sie angegriffen werden und schweigen. Dann nämlich konzentriert sich die Gruppe auf die Wertung des Angriffs und stellt sich in der Folge regelmäßig schützend hinter den Attackierten. Ohne auch nur ein einziges Wort verloren zu haben, befinden Sie sich nun in der stärkeren und souveräneren Position.

Warnung: Seien Sie nicht nachtragend oder zeigen Sie zumindest nicht, dass Sie nachtragend sind. Würden Sie nämlich im Nachhinein den Angreifer aufsuchen und ihm einen verspäteten Konter um die Ohren hauen, tragen Sie nur zu seiner Befriedigung bei. Dann nämlich weiß er, dass seine Bemerkung getroffen hat, diese Sie nun längere Zeit beschäftigt hat, bis Ihnen endlich eine Erwiderung einfiel. Das wiederum wirkt nicht sehr souverän!

Wie das „auf Durchzug schalten“ geht: Sie tun einfach so, als hätten Sie die freche Bemerkung nicht gehört. Am besten, Sie denken an Ihren schönsten Urlaub oder an ein bezauberndes Date. Wenn Sie gedanklich auf Wolke Sieben schweben, dann werden Sie schon nicht allzu grimmig aussehen und können nicht versehentlich verraten, wie sehr Ihnen die Bemerkung in Wahrheit auf den Geist gegangen ist. Wem das jetzt noch zu wenig ist, der kann die Konterstrategie „auf Durchzug schalten“ jederzeit mit einer der nachfolgend vorgestellten Strategie verknüpfen. Es ist nie so, dass nur eine der Strategien zur Anwendung kommen muss. Wer möchte, kann auch mehrere Retourkutschen aufeinander aufbauen. Anregungen dazu gibt es reichlich im Folgenden.

2. *Mit Gestik und Mimik sprechen*
   Können Sie sich vorstellen, welch große Augen man machen würde, wenn man vor einem achten Weltwunder stünde? Können Sie sich vorstellen, wie Sie aussehen würden, wenn sich die größte und beste Überraschung Ihres Lebens offenbaren würde? Welches Bild würden Sie abgeben, wenn Sie einen seltenen Oldtimer sehen würden? Genau so soll es aus-

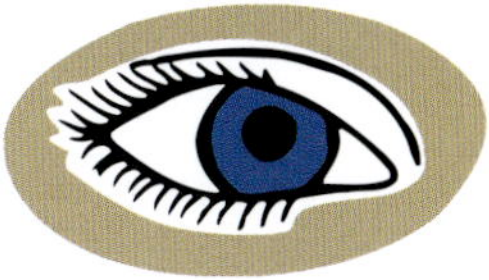

sehen, wenn Sie Ihr Gegenüber mit Gestik und Mimik ins Abseits stellen.
Wir erinnern uns: Der Sprücheklopfer rechnet Ihrerseits mit Unsicherheit und Nervosität, Rechtfertigungen oder Erklärungen. Stattdessen zeigen Sie Freude, Überraschung oder gar Begeisterung. Damit durchbrechen Sie die Erwartungshaltung auf ganzer Linie.
Wenn Sie also einen Angriff hören, denn heben Sie den Kopf und blicken Ihrem Gegenüber zum Beispiel irritiert in die Augen. Sie halten den Blickkontakt, halten inne – ganz so als würden Sie gerade überlegen – und ziehen dann die Augenbrauen hoch oder lächeln gedankenverloren. Im Anschluss wenden Sie den Blick ab und tun oder sagen etwas, das mit dem Angriff überhaupt gar nichts zu tun hat. Doch Achtung: Das funktioniert selbstverständlich immer nur so lange, wie es Ihnen gelingt, Ihr Verhalten nicht zu erklären. Damit würden Sie alles kaputt machen, was Sie bis dahin auf die Beine gestellt haben. Daher gilt: Halten Sie die Klappe!

Auch schön als Variation: Sehen Sie dem anderen in die Augen, halten Sie sich gerade und selbstbewusst und notieren Sie sich dann ein paar Worte auf einem Blatt Papier. Wer mag, lächelt dabei zufrieden vor sich hin – ganz so, als sei ihm gerade etwas besonders Wichtiges klar geworden.

Zusammenfassung: Wie Sie Angriffe ignorieren

Das Motto lautet: „Unsere größten Erlebnisse sind nicht unsere lautesten, sondern unsere stillsten Stunden." Jean Paul (1763-1825), Schriftsteller

1. *Auf Durchzug schalten*
   Wir geben unser Bestes in Sachen Schauspielkunst und tun so, als hätten wir den Angriff nicht vernommen. Darum sollten Sie auch nicht grimmig und ungehalten aussehen – das würde sie verraten. Denken Sie an Ihrem schönsten Urlaub oder ein tolles Wochenende – das zaubert hoffentlich Freude auf Ihr Gesicht. denken Sie daran, dass sich das bewusste Schweigen („auf Durchzug schalten") nicht mit

dem ungewollten Schweigen vergleichen lässt. Diesmal entscheiden Sie sich absichtlich dafür, nichts zu sagen – es mangelt Ihnen nicht an alternativen Möglichkeiten. Manchmal wirkt ein Angriff umso besser nach, wenn er nicht von Ihnen kommentiert wird – das gilt insbesondere dann, wenn weiteres Publikum vor Ort ist und die Attacke verfolgt.

2. *Mit Gestik und Mimik sprechen*
   In der Stille gibt es kein Drama. Darum sagen wir immer noch keinen Ton zu dem Angriff, äußern uns jedoch per Gestik und Mimik. Wir schenken dem Gegenüber im Gegensatz zu oben jetzt also eine Reaktion, die sich jedoch aufs Nonverbale beschränkt. So können Sie den Angreifer anlächeln, mit erhobenen Augenbrauen mustern (aber bitte nicht den ganzen Körper von oben nach unten mustern; das wirkt abfällig und überheblich und macht dann eben doch deutlich, dass Sie den anderen – zumindest in diesem Moment – verabscheuen) und dann etwas völlig anderes tun oder sagen. Auf keinen Fall

rechtfertigen oder erklären Sie sich – damit rechnet der Angreifer! Die beste Wirkung erzielen Sie immer dann, wenn Ihre Reaktion den anderen überrascht und es ihm nahezu unmöglich ist, diese logisch einzuordnen.

Sie haben jedes Recht, eine Antwort zu verweigern

Sie haben das gleiche Recht wie jeder Angeklagte auch: Wenn Sie wollen, dürfen Sie die Aussage verweigern. Während Sie soeben erfahren haben, wie man Sprücheklopfer niederschweigt, ändern wir jetzt unsere Taktik und greifen nicht mehr ausschließlich auf nonverbale Reaktionen zurück, sondern äußern uns verbal. Das bedeutet noch lange nicht, dass Sie nun einen individuellen Konter parat haben müssen. Auch hier handelt es sich um eine Technik, die universell einsetzbar und damit vollkommen unabhängig von den Worten Ihres Angreifers ist. Indem Sie sagen, dass Sie nichts sagen, machen Sie deutlich, dass Sie die Worte des Angreifers sehr wohl vernommen haben – aber diese Ihres Erachtens keines individuellen Konterns würdig sind.

So geht es:

- „Ich bin sicher, Sie erwarten nicht, dass ich Ihre Bemerkung kommentiere."
- „Sorry, eine Antwort darauf schiene mir unverdient."
- „Erwarten Sie bitte nicht, dass ich mich dazu äußere."

Es empfiehlt sich, nach dem „Nichtssagen" weiter zu reden. Wer nun schweigt, läuft Gefahr, dem anderen unbeabsichtigt das Wort zurückzugeben und sich in eine weitere Diskussion zu stürzen. Nach meinen Erfahrungen sollte man nach einer Attacke für mindestens 60 Sekunden das Wort ergreifen und drauf los reden. Selbstverständlich wählen Sie hierfür keineswegs das Thema des Angriffs, sondern schweifen von diesem Thema ab oder widmen sich erneut den Ausführungen, bei denen Sie durch die unsachliche Bemerkung gestört wurden. Erst nach einer Minute liegt der Angriff lang genug zurück, dass es unwahrscheinlich ist, dass der Angreifer noch einmal darauf zurückkommt. Wenn Sie auf Nummer sicher gehen wollen, dann meiden Sie in einer größeren Gruppe während Ihrer einminüti-

gen Ausführungen den Blickkontakt zum Störenfried. Durch Blickkontakt könnte der Eindruck entstehen, Sie wollten sich einer Diskussion mit ihm widmen – dabei ist ja das genaue Gegenteil der Fall. Das bedeutet auch, dass Sie sich um keinen Preis ein ungewolltes Gesprächsthema aufzwingen lassen. Sie entscheiden, über was Sie reden wollen und über was nicht. Nach wie vor sind Sie der Herr über den Gesprächsverlauf; Ihnen obliegt die Gesprächsführung und Sie demonstrieren dadurch eine selbstsichere Position.

Als Variante hiervon können Sie den anderen auch zu etwas mehr Geduld ermahnen. Wenn Sie zum Beispiel eine Geschichte erzählen und dabei salopp unterbrochen werden, so muss es wohl nicht gleich der mundtotmachende schlagfertige Konter sein, um dem anderen seine unhöfliche Unterbrechung vor Augen zu führen, sondern es reicht uns ein charmant verbal erhobener Zeigefinger.

So geht es:

- „Halt, halt ... bitte gedulden Sie sich einen Augenblick. Die Geschichte ist erst dann aussagekräftig, wenn ich sie vollständig erzählt habe."

- „Einen Moment bitte. Ich befürchte, Sie sind Ihrer Zeit voraus. Warten Sie noch ein paar Sekunden, dann wird sich Ihre Frage/Ihr Einwand beantworten."

Sie lassen sich hierbei mit keiner Silbe anmerken, dass Sie sich auf den Schlips getreten fühlen. Sie lenken lediglich das Gespräch wieder in die Richtung, in die Sie gehen möchten.

Zusammenfassung: Antwort verweigern

Diese Technik ist einfach, da Sie nicht auf die Bemerkung des Angreifers eingehen müssen, sondern mit ihr immer einen passenden Konter servieren können. Nochmals: Der Angreifer rechnet damit, dass Sie zu Erklärungen und Rechtfertigungen ansetzen. Das Wichtigste ist darum, dass Sie genau das nicht tun. Wenn Sie sich dafür entscheiden, die Antwort zu verweigern, dann sagen Sie dem Gegenüber ganz einfach, dass Sie keine Lust haben, zu antworten. Zum Beispiel: „Dazu möchte ich nichts sagen." Oder. „Die Antwort wäre die Mühe nicht wert."

Manchmal ist es so, dass Angreifer zu schnell aus dem Schützengraben schießen und Sie zu diesem Zeitpunkt noch gar nicht am Ende Ihrer Ausführung angelangt sind. Somit ist es völlig verfrüht, Sie zu attackieren oder Ihnen zu widersprechen. Dann haben Sie die Möglichkeit beispielsweise zu antworten: „Bitte gedulde Dich noch einen Moment – ich stecke ja noch mitten in der Erzählung und glaub mir, manchmal kommt es anders, als Du denkst.“

Nur Übung macht den Meister:

Der Showmaster Rudi Carrell sagte einst: „Wenn man einen Spruch aus dem Ärmel schütteln möchte, dann muss man ihn vorher reinstecken.“

Am Ende jeder Zusammenfassung einer Schlagfertigkeitstechnik finden Sie daher die Möglichkeit, die neu gelernte Strategie in die Tat umzusetzen. Zücken Sie einen Stift und schlagen Sie kräftig zurück. Stellen Sie sich dabei vor, dass nach dem Anwenden Ihrer Strategie (hier „Antwort verweigern“) keine Stille eintreten muss. Sie haben die Möglichkeit, das Gespräch im Anschluss in eine völlig neue Richtung zu drehen, indem Sie das Wort an sich nehmen. Gutes Gelingen!

Angriff: „Von Dir hört man nichts als Hirngespinste.“

Ihre Antwort:

Angriff: „Klebt Dir das Ohr eigentlich schon am Telefonhörer fest?
Ihre Antwort:

Angriff: „Jetzt weiß ich, wer für den Begriff „Schneckentempo“ Pate stand ...“
Ihre Antwort:

AUF EIN ANDERES MAL: RETOURKUTSCHEN VERTAGEN

Neben den nonverbalen Reaktionen und dem „Nichtssagen“, haben Sie die Möglichkeit, dem anderen mit der Mitteilung zu begegnen, dass Sie ein anderes Mal parieren werden. Auch hier können Sie sich sicher sein, dass der Überraschungseffekt ganz auf Ihrer Seite ist. Denn wie häufig kommt es schon vor, dass uns in Gesprächen mitgeteilt wird, dass man uns ein anderes Mal antworten wird. Was in Meetings, wo häufig nochmals Fakten abgeklärt werden müssen, normal erscheint, ist es im Gespräch eher nicht. Exakt dieses Phänomen machen wir uns zu Nutze.

Beispiele:

Kollege (spöttisch): „Auf Ihrem Schreibtisch sieht es aus wie bei Hempels unterm Bett."
Sie: „Oh ... im Moment bin ich wahnsinnig beschäftigt. Vielleicht sprechen Sie mich am besten nächste Woche noch einmal darauf an."

Freundin (hämisch lächelnd): „Na, haben wir ein bisschen zugenommen im Urlaub?"
Sie: „Ach Du, ich bin gerade noch so beseelt von dem wunderschönen Urlaub. Ich komme auf Dich zurück."

Freund (unangemessen): „Du siehst ziemlich genervt aus."
Sie: „Hmmm ... lass uns da am Donnerstag drüber reden."

Ganz egal, ob Sie von „übermorgen", „nächstem Dienstag" oder der „kommenden Woche" reden – die Wahrscheinlichkeit, dass Ihr Gegenüber tatsächlich in diesen Tagen darauf zurückkommen wird, ist sehr gering. Und falls es doch passieren sollte, so finden Sie auf den nachfolgenden Seiten genügend Material, um dem schlagfertig begegnen zu können.

Zusammenfassung: Retourkutschen vertagen

Niemand sagt, dass Sie auf einen Angriff sofort reagieren müssen. Meist ist das aber der Anspruch, den Angegriffene an sich selbst stellen. Kein Wunder also, dass wir bei Attacken so schnell unter Stress geraten – einen nicht unerheblichen Druck bürden wir uns dabei selbst auf. Wie wäre es also einmal mit etwas anderem? Sagen Sie doch einfach dem Sprücheklopfer, dass Sie im Moment darauf nicht antworten wollen. Da es uns ein bisschen langweilig erscheint, das wortwörtlich so zu formulieren, würzen wir es mit einer Prise Überraschung und Unlogik. Ihr Spruch könnte daher lauten: „Lass uns da am besten am kommenden Montag drüber reden" oder „Ich komme in dieser Sache nächste Woche auf Dich zu". Natürlich funktioniert diese Vertagungstechnik auch bei vollkommen Fremden. Stellen Sie sich mal den Nörgler vom Dienst vor, der Ihnen an der Tankstelle Vorwürfe macht und Sie bezichtigt, keine Bedienungsanleitung gelesen zu haben und dem sie dann mit dem Spruch kommen: „Tut mir leid, für das Gespräch mit Ihnen habe ich jetzt gar keine Zeit. Aber nächste Woche vielleicht.“ Sicher wird derjenige irritiert von dannen ziehen, weil Sie ihm den Eindruck vermittelt haben, dass man sich kennen würde (nur dann erscheint es ja wahrscheinlich, dass eine Unterhaltung vertagt werden kann). Spätestens dann wird so jemand vorsichtig, weil es sich in der Anonymität einfach viel leichter unhöflich sein lässt.

Nur Übung macht den Meister:

Angriff: „Meine Güte, Du hast aber ganz schön zugenommen!“
Ihre Antwort:

Angriff: „Ich frage mich, warum man Sie eingestellt hat."
Ihre Antwort:

___

___

Angriff: „Du spinnst ja."
Ihre Antwort:

___

___

Falsch verstanden: Auch das gekonnte Missverstehen will gelernt sein

Nun wird es ein bisschen kniffliger. Während wir bei den vorangegangenen Repliken nie auf die Bemerkung des Gegenübers gezielt bzw. individuell eingegangen sind, tun wir nun genau das. Außerdem machen wir deutlich, dass wir seine Worte vernommen haben. Logisch, denn nur, wenn wir den Spruch des anderen gehört haben, können wir ihn missverstehen. Dadurch steigern wir insgesamt den Schwierigkeitsgrad: Während es auf den vorangegangenen Seiten egal war, was der andere sagte (unsere Antwort passte immer!), ist es das nun nicht mehr. Des Weiteren müssen Sie sich gut konzentrieren und die Ruhe weg haben, damit es Ihnen überhaupt möglich ist, auf das Gesagte so individuell einzugehen, dass Sie es bravourös missverstehen können. Offen bleibt dabei, ob wir das Gesagte als frech, unverschämt oder gar als unpassend empfunden haben. Gerade das Missverstehen macht es uns möglich, so zu tun, als hätten wir keinerlei Angriff bemerkt, sondern seien höchstens etwas verwirrt über die Bedeutung des Gesagten. Genau dadurch bringen Sie den Sprücheklopfer um seinen Ruhm. Er würde es am liebsten sehen, wenn Sie sich rechtfertigen, stottern und insgesamt in Verlegenheit geraten. Da Sie aber offensichtlich den Angriff gar nicht bemerkt haben, mussten Sie sich selbstverständlich auch nicht in die Verteidigungsstellung begeben. Der Punkt geht also an Sie!

Missverstehen kann man entweder einen ganzen Zusammenhang oder auch nur ein einzelnes Wort. Beachten Sie beispielsweise die Wortspiele:

klein – fein, riesig – spießig, toll – voll, rot – tot, Land – Sand, Buch – Tuch usw.

Umgesetzt in einen Dialog, könnte das zu Folgendem führen:

Freundin: „Das ist aber ein gewagtes Tuch. Da traust Du Dich ja etwas."
Sie: „Jetzt bin ich aber beeindruckt. Du hast wohl hellseherische Kräfte. Oder woher weißt du sonst, an welchem Buch ich gerade lese? Aber du hast Recht, ohne diesen Schmöker verlasse ich zurzeit nicht das Haus und ich hab ihn daher auch hier in meiner Handtasche. Sieh mal ... da hab ich mir einige Seiten vorgenommen ..."

Freundin: „Deine Wangen glühen wie eine tiefrote Tomate."
Sie (kopfschüttelnd): „Tieftote Tomate? Verstehe ich nicht ..."

Wenn man nicht nur ein einzelnes Wort (Tuch Buch, rot tot) missversteht, sondern einen Zusammenhang „falsch" interpretiert, könnte sich das so anhören:

Kollege: „Bei Ihnen im Büro hat ja wohl eine Bombe eingeschlagen, so wie es hier aussieht."

Sie: „Ja, herrlich, nicht wahr? So kann ich besonders kreativ arbeiten und habe die besten Geistesblitze."

In jedem Fall ist es auch hier wieder ratsam, nach dem Konter den Gesprächsverlauf zu dominieren und das Gespräch eigenhändig in eine gewollte Richtung zu lenken. Es liegt also an Ihnen, im Anschluss an Ihre Erwiderung ein völlig anderes Thema aufzugreifen und die Unterhaltung zu steuern. Anderenfalls laufen Sie Gefahr, dass der andere doch noch einmal auf „sein" Thema zurückkommt – und genau das wollen wir selbstverständlich nicht!

Zusammenfassung: Missverstehen

Mit dieser Schlagfertigkeitstechnik steigern wir den Schwierigkeitsgrad. Denn nun gehen wir sehr wohl individuell auf die Bemerkung des Sprücheklopfers ein. Das bedeutet auch, dass Sie für diese Technik einen kühlen Kopf benötigen. Denn wer zu sehr unter Stress steht, hat das berühmte Brett vorm Kopf und bleibt unfreiwillig stumm. Nach wie vor geben wir jedoch nicht zu erkennen, dass wir einen Angriff vernommen haben. Stattdessen tun wir verwirrt und erzeugen den Eindruck, dass die Worte des Gegenübers für uns absolut keinen Sinn ergeben. Kurzum: Mit voller Absicht missverstehen wir auf der ganzen Linie. In diesem Zusammenhang gibt es die Möglichkeit, nur ein einzelnes Wort misszuverstehen (statt „rot" zum Beispiel „tot") oder den ganzen Zusammenhang anders zu interpretieren. Zum Beispiel:

Angriff: „Sie haben ja eine *Meise*."
Antwort: „Tatsächlich gehen mein Mann und ich demnächst auf eine *Reise*. Sie haben völlig Recht. In diesem Jahr haben wir uns als Ziel die Seychellen vorgenommen ..."

Angriff: „Haben Sie schon mal einen Rechtschreibkurs besucht?"
Antwort: „Oh, vielen Dank. Tatsächlich ist das eine meiner Stärken ..."

In beiden Fällen führen Sie das Gespräch nach Ihrem „Missverständnis" weiter. Übernehmen Sie den Gesprächsverlauf und lenken Sie die Unterhaltung in eine neue Richtung. Schließlich wollen wir unbedingt vermeiden, dass der Angreifer das ungeliebte Thema noch einmal auf die Tagesordnung bringen kann.

Nur Übung macht den Meister:

Angriff: „Dein Mann scheint ja schon ziemlich voll zu sein.“
Ihre Antwort:

Angriff: „Sei doch mal locker!“
Ihre Antwort:

Angriff: „Du bist ganz schön pingelig.“
Ihre Antwort:

„AHA!“ KURZ, KNAPP UND FRECH DEN WIND AUS DEN SEGELN NEHMEN

Immer wieder muss ich mich wundern, wie vielen Menschen es ein Bedürfnis ist, auf unangemessene Bemerkungen intelligent zu reagieren. Fast so, als wäre es ihnen eben doch sehr wichtig, was der Sprücheklopfer von ihnen hält. Darum fragen Sie sich bitte, ob es wirklich wichtig ist, welche Meinung so jemand über Sie hegt? Ganz sicher gibt es in Ihrem Leben wichtigere Menschen deren Meinung Ihnen, mehr bedeuten sollte. Darum sollte es ausreichen, dem Angreifer deutlich zu machen, dass man ihm nicht als Opfer zu Verfügung steht. Und genau hierfür muss es kein intellektueller Höhenflug sein, es reichen auch die ganz knappen Erwiderungen, die Sie weder Mühe noch Energie kosten.

Diese knappen Erwiderungen haben den Vorteil, dass Sie diese universell einsetzen können. Einmal mehr ist es völlig egal, welcher Spruch Ihnen gerade um die Ohren gehauen wurde – Ihre Antwort passt immer.

Mit den folgenden kurzen und knappen Bemerkungen nehmen Sie jedermann den Wind aus den Segeln:

- „So, so …"
- „Ach was!"
- „Aha."
- „Sag bloß …"
- „Oh je …"
- „Na so was (aber auch)!"

In einem Dialog könnte sich das dann folgendermaßen gestalten:

Freund: „Interessante Frisur …"
Sie: „Ach was!"

Kollege: „Mit der Präsentation gewinnen Sie keinen Blumentopf."
Sie: „Oh je …"

Schwiegermutter: „Das hätte ich mir früher nicht erlauben dürfen."
Sie: „Na so was …"

Auch hier steht es Ihnen frei, im Anschluss das Thema zu wechseln. Genau das halte ich sogar für ratsam, weil Sie dann dem anderen die Gelegenheit nehmen, das unangenehme Thema erneut aufzugreifen oder Ihre Antwort gar zu hinterfragen.

Aufgepasst: Keinesfalls dürfen Sie mit Ihren kurzen Kommentaren Zustimmung signalisieren. Das bedeutet, dass ein „ja, ja“ niemals als Antwortmöglichkeit in Betracht kommt. Selbst wenn sie dieses „ja, ja“ eher als „ ja ja, dann lass ich Dich halt mal reden, ist mir auch egal“ meinen, signalisieren Sie dadurch aus Versehen Zustimmung. Das wollen wir aber nicht!

Zusammenfassung: Kurz-und-Knapp

Wenn der Sprücheklopfer Ihnen gegenüber den Pfad der Korrektheit verlässt und Sie unpassend attackiert, müssen Sie sich wirklich nicht allzu viel Mühe mit Ihrer Antwort geben. Je kürzer die Antwort, umso enttäuschender für Ihren Angreifer. Daher ist auch die Kurz-und-Knapp-Technik eine prima Alternative, um rhetorische Schaumschläger ins Abseits zu stellen. Zum Beispiel:

Angriff: „Du bist ja nicht ganz dicht.“
Antwort: „Aha ...“ / “So, so...“ / “Sag bloß ...“ etc.

Nur Übung macht den Meister:

Angriff: „Dir gehen die Haare aus."
Ihre Antwort:

___

___

Angriff: „Du bist immer so laut."
Ihre Antwort:

___

___

Angriff: „Na, Dir schmeckt der Nachtisch aber besonders gut, was?"
Ihre Antwort:

___

___

„Na und?“ Wie man den Ball zurückspielt

In eine ähnliche Kategorie gehört die Technik, mit einer kurzen Frage den Ball zurück zu spielen. Denn vergessen wir nicht, dass Ihr Angreifer darauf nicht gefasst ist. Er erwartet von Ihnen eine Erklärung und nicht, dass er selbst zu einer aufgefordert wird.

Anders als bei der oben genannten Kurz-und-Knapp-Technik positionieren Sie sich nicht als Herr über den Gesprächsverlauf, wenn Sie den Ball in Form einer Frage zurückgeben. Denn dann liegt das Wort bei Ihrem Gegenüber und nicht bei Ihnen. Als überlegen Sie genau, ob Sie das so möchten. Das Schöne an dieser Technik ist, dass sie den anderen gnadenlos in Verlegenheit bringt – in den allermeisten Fällen sind doofe Kommentare nur schwerlich zu erklären. Und selbst wenn der andere es sich zutraut „weiterzumachen“ und Sie mit einem zweiten, unangenehmen Spruch belästigt, so können Sie dann ja immer noch auf eine andere Technik zurückgreifen.

Zur kurzen Rückfrage eignen sich:

- „Wie bitte?“

- Na und?“
- „Und?“

Im Dialog könnte sich das wie folgt abspielen:

Freundin: „So wie Du Dich kleidest, hast Du es wohl heute Abend auf jemanden abgesehen ...“
Sie: „Na und?“

Kollege: „Na, waren Sie mal wieder ‚gut Wetter machen‘ beim Chef?“
Sie: „Wie bitte?“

Frau: „Meine Güte, bist Du heute empfindlich.“
Mann: „Und?“

Für den Fall, dass Sie mit diesen knappen Rückfragen noch nicht „aus dem Schneider“ sind, könnte sich der Dialog nach diesem Muster weiterentwickeln:

Frau: „Meine Güte, bist Du heute empfindlich.“
Mann: „Und?“
Frau: „Na, ich meine ja bloß, Du fährst mal wieder bei jeder Kleinigkeit aus der Haut.“
Mann: „Was soll ich dazu sagen? Nachts sind eben alle Katzen grau ...“ (mehr zum Thema „Mit Zitaten verwirren“ auf den nachfolgenden Seiten)
Oder: „Ach was!“

Zusammenfassung: Na und?

Mit dieser Technik zeigen Sie prima, dass Ihnen der Angriff völlig egal ist. Darum ist er Ihnen nicht mehr als eine kurzsilbige Rückfrage wert. Doch bedenken Sie, dass Sie mit einer Rückfrage das Wort an Ihr Gegenüber zurückgeben. Ich halte es dennoch für nicht sehr wahrscheinlich, dass dieser das Thema vertiefen möchte. Meistens ist der Angriff nur dazu gedacht, das Opfer anzustacheln und keineswegs weitreichend durchgeplant. Und weil der andere eben nicht damit rechnet, den Ball so schnell von Ihnen zurückzubekommen, wird er es vorziehen, stumm zu bleiben. Wahrscheinlich fällt ihm dann einfach nichts ein! Mögliche Rückfragen lauten: Wie bitte? Na und? Und? Echt?

Nur Übung macht den Meister:

Angriff: „Gnädiges Fräulein, Sie sehen aus wie ein Puter.“ (ist ein Spruch, den einst ein Tischherr gegenüber meiner Großmutter tatsächlich äußerte).

Ihre Antwort:

Angriff: „So ein Mist. Das Ding (Kunstwerk) wurde mal wieder von unseren Steuergeldern finanziert und Sie haben gut lachen.“

Ihre Antwort:

(Anekdote: Dieser Angriff fiel gegenüber einem Künstler, der für den Marktplatz ein Kunstwerk schuf und dieses in diesem Moment dort aufbaute. Daraufhin antwortetet der Künstler: „Na und? So wie Sie und Ihr Auto aussehen, zahlen Sie doch gar keine Steuern ...“)

Angriff: „Dünne Frauen sind Zicken."
Ihre Antwort:

___

___

Richtungswechsel: Kein Anschluss unter dieser Nummer

Beim Richtungswechsel wird nicht erkennbar, ob Sie den Angriff als solchen wahrgenommen haben. Das bedeutet, dass Sie in keiner Weise aggressiv oder genervt erscheinen dürfen. Das Prinzip lautet: Sie hören einen verbalen Angriff, Sie gehen auf diesen Angriff nicht ein (weder verbal noch nonverbal), sondern wechseln abrupt, unvorhersehbar und am besten sehr, sehr freundlich das Gesprächsthema.

Beim neuen Gesprächsstoff kann es sich um alles (Un-)Mögliche handeln. Sie können über einen Hundekindergarten, das Wetter, Ihre Ausflugspläne fürs Wochenende, über ein neues Auto oder Mode sprechen. Je weiter entfernt das

Thema vom Ausgangspunkt ist und je harmloser und banaler es sich gestaltet, umso besser. Dann nämlich gelten Sie als völlig unbeeindruckt und kommen nicht in den Verdacht, die Bemer-

kung inhaltlich richtig interpretiert zu haben. Wer um 180 Grad das Gesprächsthema wechselt, der könnte auch gerade mit den Gedanken woanders gewesen sein und schlicht und ergreifend nicht richtig zugehört haben. Denn wer würde schon so nett plaudern, wenn er gerade angegriffen wurde!?

Als Überleitung verwenden Sie Formulierungen wie:

- „Mir fällt just in diesem Moment ein ..."
- „Ich denke gerade über ... nach ..."

Besonders knifflig wird es für den Sprücheklopfer, wenn Sie zur Einleitung Worte wie folgt anwenden:

- „Apropos ..."
- „Jetzt, wo Sie es sagen ..."
- „Da fällt mir gerade ein ..."
- „Wo Sie gerade dieses Stichwort erwähnen ..."

- „Wo Sie gerade davon sprechen …“

Zur Erinnerung: Selbstverständlich steht Ihr Thema in keinerlei Zusammenhang zum vorher Gehörten. Die Formulierungen „apropos“ etc. legen aber genau das nahe. Und nun kann Ihr Gegenüber nicht anders, als die Logik und den Zusammenhang zwischen beidem zu suchen. Doch leider wird er nicht fündig werden. Und keine Sorge: Bei Ihnen nachfragen, um sich das Ganze erklären zu lassen, wird er auch nicht. Dann nämlich käme er sich einfach zu blöd vor …

Um einige Beispiel zu nennen:

Bekannte: „Dein Auto macht es aber auch nicht mehr lange.“
Sie: „Da fällt mir gerade ein: Sollen wir in diesem Sommer mal wieder einen Ausflug zusammen machen? Letztes Jahr war es doch so schön, als wir zu viert an den Bodensee geradelt sind …“

Kollege: „Lassen Sie das mal lieber sein. Ist wohl nicht so ganz Ihre Kragenweite.“
Sie: „Apropos … unser Neubau soll nun doch etwas früher fertig werden, als angenommen. So etwas passiert ja selten; normalerweise geht es nur in die andere Richtung und Bauvorhaben sind im Verzug …“

Freund: „Das ist nichts für Dich; die Anschaffung würde Dein Budget sprengen."
Sie: „Ach, um ehrlich zu sein bin ich mit den Gedanken gerade ganz woanders ... Wir bekommen am Wochenende Besuch zum Grillen und ich studiere schon die ganz Zeit den Wetterbericht ..."

In meinen Seminaren mache ich regelmäßig die Erfahrung, dass dieser Richtungswechsel den Teilnehmern besonderen Spaß macht und Ihnen noch dazu einfach erscheint. Der Grund hierfür liegt wahrscheinlich in der Tatsache, dass es keinerlei Zusammenhang zwischen dem Angriff und der Erwiderung geben muss bzw. es ja sogar keinen Zusammenhang geben soll, um die Verwirrung zu perfektionieren. Selbstverständlich ist es jedoch auch ganz und gar kein Beinbruch, wenn Sie das Stichwort „Auto" aus dem Angriff („Dein Auto macht es aber auch nicht mehr lange") aufnehmen und sagen würden: „Letztes Jahr war es doch so schön, als wir mit dem *Auto* an den Bodensee gereist sind." Die Hauptsache ist, dass Sie keine beleidigte Leberwurst mimen, sondern fröhlich Pläne schmieden und charmant plaudern.

Achtung: Die Teilnehmer in Seminaren neigen dazu, nach einem Angriff zu schnell die Flucht zu ergreifen. Das ist verräterisch. Denn wer keinen Angriff bemerkt hat, hat auch keinen Grund, sich fluchtartig aus dem Staub zu machen. Varianten nach dem Motto ...

Angriff: „Ein bunter Hund ist heute nichts gegen Ihr Outfit."
Abwehr: „Da fällt mir ein, dass ich noch kurz zu Frau Wagner gehen wollte ... bis später ..."

... sprechen nicht unbedingt für maximale Souveränität und Schlagfertigkeit. Sie müssen es schon ein bisschen länger beim (wenn auch unbeliebten) Gegenüber aushalten, um nicht den Eindruck einer panischen Flucht zu erzeugen.

Zusammenfassung: Richtungswechsel

Beim Richtungswechsel weiß der Angreifer nicht, ob Sie seine Attacke als solche vernommen haben. Daher ist besonders wichtig, dass Sie ihm weiterhin freundlich begegnen. Der Richtungswechsel ist eine ziemlich einfache Taktik, weil Sie einmal mehr die Bemerkung des anderen nicht aufgreifen müssen. Stattdessen können Sie über ein weit entferntes Thema sprechen. Hauptsache, Sie sprechen! Denn dann entsteht der Eindruck, dass Sie völlig unbekümmert und erst recht nicht beleidigt sind – wer würde schon so freundlich parlieren, wenn er gerade attackiert wurde? Formulierung lauten dann: „Ich denke gerade über ... nach“ oder „Mir fällt gerade ein ...“. Gern gesehen sind auch Einleitungen nach dem Motto „apropos“ oder „wo Sie es gerade erwähnen“ etc. Gerade wenn Ihre Antwort in keinem Zusammenhang zum vorher Gesagten steht, wird der Überraschungs- und Verwirrungseffekt umso größer sein.

Nur Übung macht den Meister:

Angriff: „Einbildung ist auch 'ne Bildung."
Ihre Antwort:

Angriff: „Die Gespräche mit Euch haben GALA-Niveau."
Ihre Antwort:

Angriff: „Sie lassen mich an Ihrer Intelligenz zweifeln."
Ihre Antwort:

„Nachts sind alle Katzen grau": Mit Sprichwörtern parieren

Meine persönliche Lieblingsstrategie zum Thema „Schlagfertigkeit" heißt „Verwirrung stiften mit unpassenden Sprichworten". Diese Strategie ist der des Richtungswechsels durchaus ähnlich. Während Sie beim Richtungswechsel urplötzlich ein neues Thema angeschnitten haben und unvorhergesehenermaßen zum Beispiel über Ihre Reise nach Italien geplaudert haben, streuen Sie nun plakative (aber unpassende) Sprichworte ein. Auch hier gelingt es uns dadurch, den Querulanten auf ganzer Linie zu verwirren. Wieder einmal wird er nach der Logik in Ihren Worten suchen – und selbstverständlich nicht fündig werden.

Diese Kontertechnik funktioniert folgendermaßen: Sobald Sie einen Angriff oder eine unpassende, nervige Bemerkung vernehmen, schießen Sie mit einem Zitat zurück. Ein Dialog könnte sich dann folgendermaßen abspielen:

Schwiegermutter: „Das könnt ihr doch nicht machen. Was sollen denn die Nachbarn denken."

Sie: „Ich sage auch immer: Nachts sind alle Katzen grau.“

Freund: „So ein Blödsinn aus Deinem Munde.“
Sie: „Ach ja, viele Köche verderben halt doch den Brei.“

Kollege: „Sie haben ja eh keine Ahnung.“
Sie: „Na ja, Auge um Auge, Zahn um Zahn.“

Selbstverständlich steht es Ihnen frei, im Anschluss weitere, andere Kontertechniken zu verwenden. Es handelt sich um ein Baukastensystem, dessen Module Sie nach Belieben kombinieren können:

Freund: „So ein Blödsinn aus Deinem Munde.“
Sie: „Ach ja, viele Köche verderben halt doch den Brei. Aber eigentlich bin ich mit meinen Gedanken ganz woanders. Ich habe gehört, dass ...“

Hier wurde das verwirrende „Sprichwort“ in Kombination mit dem „Richtungswechsel“ zur Anwendung gebracht.

Kollege: „Sie haben ja eh keine Ahnung.“
Sie: „Na ja, Auge um Auge, Zahn um Zahn. Aber lassen Sie uns darüber am besten frisch und aus-

geruht am Montag drüber sprechen. Bei dem Stichwort fällt mir gerade ein ...“

Hier wurde das „Sprichwort“ mit „Vertagen“ und dem „Richtungswechsel“ kombiniert. Wenn jetzt der Gegenüber nicht durcheinander kommt, muss er nobelpreisverdächtig sein ...

Weitere Sprichwörter zur Auswahl:

- Alle Wege führen nach Rom.
- Gegensätze ziehen sich an.
- Gleich und Gleich gesellt sich gern.
- Besser den Spatz in der Hand, als die Taube auf dem Dach.
- Der Apfel fällt nicht weit vom Stamm.
- Steter Tropfen höhlt den Stein.
- Stille Wasser sind tief.
- Ende gut, alles gut.
- Gut Ding will Weile haben.
- Geben ist seliger denn nehmen.
- Sauer macht lustig.
- Eine Hand wäscht die andere.
- Ohne Fleiß kein Preis.
- Wer schaffen will, muss fröhlich sein.
- Wer sucht, wird finden.

Es ist keineswegs schlimm, wenn Sie im Eifer des Gefechts die Sprichworte durcheinanderbrin-

gen und es dann bei Ihnen plötzlich heißt: „Alle Wege führen nach Pisa“ anstatt „Alle Wege führen nach Rom“. Wenn doch unser Ziel „Verwirrung“ lautet – was könnte dann verwirrender sein als ein kopfstehendes Sprichwort?

Alternativ könnten Sie auch auf mehr oder weniger bekannte Zitate zurückgreifen. Diese können ebenso gut ein Durcheinander im Kopf des Attackierenden anrichten. Zum Beispiel:

- „Wenn Du eine weise Antwort verlangst, musst du vernünftig fragen.“ Johann Wolfgang von Goethe
- „Alter ist vollkommen irrelevant, es sei denn Du bist eine gute Flasche Wein.“ Shirley MacLaine
- „Time is money.“ André Kostolany
- „Mailand oder Madrid. Hauptsache Italien.“ / „Ich hatte vom Feeling her ein gutes Gefühl.“ Andreas Möller
- „Zu 50 Prozent haben wir es geschafft, aber die halbe Miete ist das noch nicht.“ Rudi Völler
- „Es war die Hand Gottes.“ Diego Maradona

Im Dialog könnte sich das dann wie folgt gestalten:

Freund: „Wer mit Dir Auto fährt, muss lebensmüde sein.“
Sie: „Ach, wie sagte Andreas Möller noch mal? Ich hatte vom Feeling her ein gutes Gefühl?“

Auch hier bietet sich die Kombination mit weiteren Schlagfertigkeitstechniken an. So zum Beispiel mit einem abrupten Themenwechsel:

Freund: „Wer mit Dir Auto fährt, muss lebensmüde sein.“
Sie: „Ach, wie sagte Andreas Möller noch mal? Ich hatte vom Feeling her ein gutes Gefühl? Da fällt mir gerade ein: Haben wir eigentlich daran gedacht, das Geschenk mitzunehmen oder liegt das jetzt womöglich noch daheim auf der Kommode?“

Sollte es je passieren, dass Ihr Gegenüber sich als hartnäckiger als gedacht erweist und dem Zitat oder dem Sprichwort auf den Grund gehen möchte, so müssen Sie sich dennoch keine Sorgen machen. Werden Sie gefragt, wie Ihre Antwort zu verstehen sei, so stehen Ihnen diverse Antwortmöglichkeiten zur Auswahl:

- „Also, ich bitte Dich, da kommt doch ein Blinder mit Krückstock drauf. Das schaffst Du ja wohl auch …"
- „Hmm, vielleicht habe ich mich ein wenig unpräzise ausgedrückt. Ich hätte auch sagen können: Viele Köche verderben den Brei."

Denn: Tatsächlich erklären und begründen können Sie Ihre verwirrende Erwiderung natürlich nicht. Oder wollen Sie sagen, dass Sie ein Buch zum Thema „Schlagfertigkeit" gelesen haben und soeben eine der empfohlenen Strategien zur Anwendung gebracht haben? Wohl kaum … oder!?

Zusammenfassung: Mit Sprichwörtern oder Zitaten verwirren

Hier knüpfen wir an den Richtungswechsel an. Wir stiften Verwirrung, indem wir auf einen Angriff mit unpassenden Sprichwörtern reagieren. Der Angreifer kann nicht anders, als in Ihrer Antwort die Logik zu suchen – doch da wird er nicht fündig werden. Somit haben Sie erneut Ihr Ziel erreicht und sich nicht als berechenbares Opfer präsentiert. Legen Sie sich am besten sofort zwei Sprichwörter parat, die Sie in jeder Lebenslage zum Besten geben können. Zum Beispiel: „Nachts sind alle Katzen grau“ und „Der Apfel fällt nicht weit vom Stamm“. Da Ihr Sprichwort am besten nicht zum Angriff passen soll, reichen diese zwei Reserven für einen pfiffigen Konter völlig aus.

Alternativ kann man auch mit Zitaten bekannter Persönlichkeiten arbeiten. Warum nicht einfach antworten „Es war die Hand Gottes“ nach dem Vorbild von Diego Maradona?

Auf Rückfragen seitens des Angreifers, wie man das zu verstehen habe, wird einfach mit einem weiteren Zitat oder einem weiteren Sprichwort geantwortet: „Ach na ja, ich hätte auch ‚Gut Ding will Weile haben‘ sagen können ...“

Nur Übung macht den Meister:

Angriff: „Da ist heute jemand ein bisschen aggressiv, oder?“

Ihre Antwort:

Angriff: „Da lagen Sie gründlich daneben. Hätten Sie vorher mal lieber mich gefragt.“

Ihre Antwort:

Angriff: „Frauen taugen eben doch am besten für die Küche.“

Ihre Antwort:

Mit Metaphern kontern

Auch sehr amüsant ist das Kontern mit Metaphern. Wenn Sie zum Beispiel vom Kollegen darauf angesprochen werden, dass Ihr Arbeitstempo diesem langsam erscheint, so könnten Sie sich vernünftig erklären und sachlich darauf antworten: „Nur weil es bei mir etwas länger dauert, muss das ja nicht heißen, dass ich weniger arbeite." Oder: „Nur weil es etwas länger dauert, heißt das ja noch lange nicht, dass ich schlechtere Ergebnisse hervorbringe." Diese beiden Antworten sind okay, aber ziemlich langweilig und erst recht nicht schlagfertig. Wesentlich pfiffiger erscheint es da doch, wenn man mit den folgenden Worten kontern würde: „Na ja, der A-Klasse von Mercedes hätte etwas mehr Zeit in der Planungsphase bestimmt auch gut getan."

Metaphern könnten zum Beispiel sein:

- Bei der Henne und dem Ei weiß man leider auch nicht, wer zuerst da war.
- Der Köder muss dem Fisch schmecken, nicht dem Angler.
- Der Fisch beginnt, vom Kopf zu stinken.
- Eine Kette ist nur so stark wie ihr schwächstes Glied.

- Man muss sich nicht selbst in die Pfanne legen, um zu wissen, wie man ein Schnitzel brät.
- Die Pyramiden von Gizeh wurden auch nicht an einem Tag erbaut.

Ich berufe mich gern auf Metaphern. Das liegt bei mir vermutlich auch daran, dass ich aufgrund meiner Tätigkeit als Trainer und Coach sehr häufig von den Leuten angesprochen werde und diese mir dann sagen: „Oh je, bei Ihnen muss ich ja genau aufpassen, was ich sage und tue. Ihnen fällt doch bestimmt alles auf." Ich empfinde solche Aussagen stets als schwierig, weil sie implizieren, dass alle Menschen in meinem Umfeld von mir kategorisiert und in Schubladen gesteckt werden würden. Etwas witziger war da schon die Frage, die mein Mann kürzlich bei einer Veranstaltung von einem Teilnehmer gestellt bekam. Diese lautete: „Sagen Sie mal, Ist es eigentlich sehr anstrengend, mit Ihrer Frau zusammenzuleben?"

In der Vergangenheit habe ich bei solchen Fragestellungen immer wieder beteuert, dass dem keineswegs so sei und dass auch ich gern mal nicht „im Dienst" bin. Heute kontere ich anders und sage beispielsweise lachend: „Nein, nein, mach Dir keine Sorgen, nur weil ich als Coach arbeite, bedeutet das nicht, dass ich anderen Menschen permanent auf die Finger sehen. Sie mal, nur weil Du Pilot ist, bist Du heute ja auch nicht mit dem Flugzeug angereist." Oder: „... nur weil Sie Arzt sind, heißt das ja auch nicht, dass Sie gleich unseren Blutdruck messen werden, hoffe ich, oder?" Ich habe festgestellt, dass diese Arten der Erwiderung für die Menschen mehr Überzeugungskraft besitzen und zugleich für einen Lacher gut sind.

Zusammenfassung: Metaphern einsetzen

Bei Metaphern bedienen Sie sich allgemeiner Lebensweisheiten, so zum Beispiel der Tatsache, dass die Pyramiden von Gizeh auch nicht an einem Tag erbaut wurden, wenn man Ihnen ein Schneckentempo vorwirft. Alternativ können Sie auch die Umstände des Angreifers thematisieren. („Nur weil Du Frisör bist, wirst Du uns ja auch nicht gleich die Haare schneiden.")

Nur Übung macht den Meister:

Angriff: „Meine Güte, gegen Dich ist eine alte Oma ja ein D-Zug."

Ihre Antwort:

Unterstellung: „Du siehst den Leuten ja bestimmt immer auf die Kleidung."

Ihre Antwort:

Angriff: „Woher willst ausgerechnet Du das wissen?"

Ihre Antwort:

Wenn man es genauer wissen will: „Was meinen Sie?“

Nun verlassen wir die soften Schlagfertigkeitstechniken. Auf den vorangegangenen Seiten haben wir pfiffig, charmant und keineswegs aggressiv pariert. Genau genommen kann man wahrscheinlich noch nicht einmal von „parieren“ sprechen, denn eigentlich haben wir uns in keiner Weise anmerken lassen, dass uns ein Spruch überhaupt nahe ging. Vielmehr haben wir mit unseren Reaktionen Verwirrung gestiftet, den Angriff dadurch entschärft und zugleich signalisiert, dass wir keineswegs ein leichtes und berechenbares Opfer sind, das sich rechtfertigt oder gar erklärt.

Nun fahren wir schwereres Geschütz auf und machen deutlich, dass wir Gefahr im Verzug wittern. Nach wie vor werden wir uns nicht rechtfertigen. Wohl aber decken wir nicht den Mantel des Ignorierens über die Bemerkung, sondern gehen der Sache mutig auf den Grund und stellen eine Rückfrage.

Zum Beispiel:

Kollege: „Du bist schwer von Begriff.“
Sie: „Was meinst du damit?“

Mit einer konkreten Rückfrage schlagen Sie gleich mehrere Fliegen mit einer Klappe. Zum einen entlarven Sie den Angreifer und machen deutlich, dass seine Bemerkung unpassend gewesen ist. Zum anderen gewinnen Sie selbst Zeit, um über Ihr weiteres Vorgehen nachzudenken und um Ruhe zu bewahren. Zu guter Letzt erzeugen Sie beim Gegenüber Erklärungsnot, da derjenige vermutlich nicht damit gerechnet hat, jetzt selbst im Fokus der Aufmerksamkeit zu stehen.

Nichtsdestotrotz ist es nicht ganz einfach, die richtige Gegenfrage zu stellen. Meist neigen wir dazu, mit geschlossenen Fragen zu hantieren. Geschlossene Fragen zeichnen sich dadurch aus, dass ein Verb am Anfang der Frage steht und die Antwort aus einem einfachen „Ja“ oder „Nein“ bestehen kann. Wenn Sie es dem Angreifer so einfach machen, erzeugen Sie selbstverständlich nicht den gewünschten Effekt und der andere wird eher wenig Erklärungsnot verspüren. Zum Beispiel:

Kollege: „Mir leuchten Deine Zahlen nicht ein.“
Sie: „Wären Dir andere Zahlen lieber?“
Kollege: „Ja!“

Sie sehen also, dass Sie mit dieser Form der Rückfrage nicht gewinnen, sondern eher etwas verlieren. Ebenfalls unzufrieden wären wir mit Ihrer Antwort, wenn Sie in die klassische Falle tappen und auf den Angriff vernünftig und verständnisvoll eingehen würden. Das würde zwar nicht gegen Sie sprechen, aber Sie vermutlich selbst unzufrieden machen, weil die Schlagfertigkeit dabei auf der Strecke bleibt. Zum Beispiel:

Kollege: „Mir leuchten Deine Zahlen nicht ein."
Sie: „Meine Zahlen? Ich habe auf die aus der letzten Umfrage von vor drei Monaten zurückgegriffen. Wenn es hilft, kann ich die Zahlen auch noch einmal recherchieren und in die Runde nachreichen ..." (= Rechtfertigung, Erklärung, keine schlagfertige Erwiderung)

Wesentlich besser läuft der Schlagabtausch, wenn Sie Ihre Rückfrage ein klein wenig anders formulieren:

Kollege: „Mir leuchten Deine Zahlen nicht ein."
Sie: „Welche Zahlen wären Dir denn lieber?"
(= Schlagfertige Erwiderung, Ball zurückgespielt)

Fazit: Hier ist der Coup geglückt. Herzlichen Glückwunsch!

Als Variante hierzu können Sie als Rückfrage auch gut mit dem Gegenteil argumentieren. Meines Erachtens handelt es sich hierbei jedoch schon um eine fortgeschrittene Schlagfertigkeitstechnik, da sie sehr individuell an die Bemerkung des anderen anknüpft und diese nicht immer geeignet ist, um übersteigert argumentieren werden zu können. Zum Beispiel:

Freundin: „Meine Güte, ich wusste gar nicht, dass Du so ein Weichei bist."
Sie: „Wäre Dir ein arroganter Macho lieber?"

Der „arrogante Macho" ist das Gegenteil, oder besser gesagt das übersteigerte Gegenteil, von einem „Weichei". Indem Sie diese Frage nach dem Gegenteil gestellt haben, haben Sie deutlich gemacht, dass weder das eine noch das andere erstrebenswert ist, und den Angriff lächerlich und bedeutungslos erscheinen lassen. Um weitere Beispiel zu nennen:

Kollege: „In dem Outfit siehst Du aus wie ein bunter Hund."
Sie: „Oh ... wäre Dir eine graue Maus lieber?"

Passant: „Sie parken ja wie eine Anfängerin."
Sie: „Wäre Ihnen ein reifenquietschender und rücksichtsloser Raser etwa lieber?"

Wenn jedoch der Angriff anders formuliert ist, ist die Argumentation mit dem übersteigerten Gegenteil keineswegs einfach oder womöglich sogar überhaupt nicht möglich. Zum Beispiel:

Kollege: „Ihre Präsentation gefällt mir nicht."
Sie: ???

Wie wollten Sie an dieser Stelle mit dem übersteigerten Gegenteil argumentieren? Sie können ja wohl schlecht fragen: „Wäre Ihnen eine Präsentation, die Ihnen gefällt, lieber?" Da würden wir uns dann definitiv selbst ins Knie schießen. Alternativ wäre es jedoch durchaus denkbar, mit der einfachen Gegenfrage zu parieren:

Kollege: „Ihre Präsentation gefällt mir nicht."
Sie: „Was genau meinen Sie damit?"

Damit haben Sie dann auch noch die Chance eröffnet, eine ganz sachliche Diskussion zu führen. Denn möglicherweise war der Spruch des Kollegen gar nicht als Angriff gemeint, sondern es handelte sich eher um eine undiplomatische Meinungsäußerung. Nun haben Sie die Gelegenheit, seine Sichtweise kennen zu lernen und wer weiß: Vielleicht könnte sie uns sogar hilfreich sein.

Zusammenfassung: Was meinen Sie?

Mit dieser Technik zeigen Sie, dass nun langsam Schluss mit lustig ist und Sie keine Scheu haben, dem Spruch auf die Spur zu gehen. Darum fragen Sie nach. Zum Beispiel: „Was meinst Du damit?" oder „Was soll das heißen?". Wieder muss nun der Angreifer Farbe bekennen und sich – statt Ihrer – erklären.

Als Variante hiervon können Sie mit dem Gegenteil argumentieren. Wenn Sie also gesagt bekommen, dass Sie „reichlich konservativ erscheinen", so können Sie die überspitzte Gegenfrage stellen: „Wäre Dir ein unzuverlässiger Luftikus lieber?"

Nur Übung macht den Meister:

Angriff: „Du bist echt schwer von Begriff."
Ihre Antwort:

___

___

Angriff: „So benimmt sich doch kein normaler Mensch."
Ihre Antwort:

___

___

Angriff: „Du lebst wohl nach dem Motto ‚Ist der Ruf erst mal ruiniert, lebt es sich völlig ungeniert'"?
Ihre Antwort:

___

___

Zustimmung macht den Gegner kampfunfähig

Hierbei gilt das Prinzip: Wer einem beipflichtet, dem kann man nicht widersprechen. Wie auf den vorangegangenen Seiten bereits erklärt, erwartet ein Angreifer Rechtfertigung, Erklärung und Verlegenheit. Ganz anders kommt es für ihn, wenn Sie ihm nach seinem unpassenden Spruch einfach zustimmen, ihn loben oder mit Komplimenten eindecken. Diese Reaktion setzt den Angreifer sofort schachmatt und beendet Angriffe unmittelbar.

Hierbei handelt es sich jedoch nicht um eine ironische Form der Zustimmung nach dem Motto „Ja, klar ... rede Du mal weiter ... aber sonst gehts noch, oder?“, sondern Sie müssen Ihren Zuspruch schon mit sehr viel Schauspielkunst völlig ernsthaft rüberbringen. Das Erstaunliche hierbei ist, dass Angreifer über die Zustimmung nicht einmal irritiert sind: Häufig bringen sie ein derart großes Maß an Selbstsicherheit mit, dass es ihnen vollkommen logisch erscheint, wenn ihnen kein Widerspruch widerfährt. Zum Beispiel:

Angreifer: „Sie sehen reichlich übernächtigt aus."
Sie: „Stimmt."

Ich persönlich finde diese Form der Erwiderung reichlich „cool". Sie macht in meinen Augen zum einen deutlich, dass Sie sich keineswegs mit der (unwichtigen) Bemerkung auseinandersetzen wollen und daher die kurz möglichste Erwiderung gewählt haben. Zum anderen bestätigt Sie, dass Sie ganz offensichtlich über den Dingen stehen und nicht leicht aus der Fassung zu bringen oder in Ihrem Selbstbewusstsein zu beeinträchtigen sind.

Ausnahmen bestätigen die Regel: Eine Zustimmung verkneifen wir uns immer dann, wenn uns das selbst in ein inkompetentes Licht rücken würde. Zum Beispiel:

Kollege: „Ihre Zahlen sind falsch."
Sie: „Stimmt!"

Damit haben Sie natürlich nichts gewonnen, sondern nur verloren. In einem Fall wie diesem erinnern Sie sich lieber an die direkte Rückfrage („Wie kommen Sie zu dieser Annahme?") als an die hier erörterte Zustimmungsstrategie.

Witzigerweise können Sie nach der ersten Zustimmung (zum Beispiel: „Richtig!") durchaus konträr fortfahren. dadurch bringen Sie die Logik erneut durcheinander und stellen Ihr Gegenüber vor Rätsel. Genau das lieben wir an der Schlagfertigkeit! Alles ist möglich, nichts muss logisch sein; umso unlogischer, umso besser. Zum Beispiel:

Kollege: „Ihr Schreibtisch gleicht einer Müllhalde."
Sie: „Stimmt. So kann ich einfach am besten ordentlich und sauber arbeiten."

Natürlich steckt ein ziemlicher Widerspruch zwischen dem Schreibtisch, der einer Müllhalde gleicht, und Ihrer Arbeitsweise, die nach Ihrer Aussage ordentlich und sauber ist. Aber genau das macht die Erwiderung so pfiffig!

Weitere Formen der Zustimmung können lauten:

- „Das sehe ich auch so."
- „Da haben Sie Recht."
- „Völlig richtig."
- „Genau."

Eine weitere Form der Zustimmung kann über Komplimente erfolgen. Komplimenten können wir uns nur sehr schwer entziehen: Kein Wunder, denn eigentlich hören wir sie viel zu selten und fühlen uns ziemlich gebauchpinselt, wenn mal jemand eins über die Lippen bringt. Komplimente oder Lob im Allgemeinen sind meines Erachtens auch der entscheidende Kit in Sachen Beziehungspflege und wichtiger Faktor bei der Mitarbeiterführung. Der schwäbische Spruch „Nicht geschimpft ist gelobt genug“ ist in meinen Augen eine ganz falsche Devise. Wir tun die Dinge stets besser, lieber und erfolgreicher, wenn wir dadurch etwas erreichen können (und nicht nur um etwas zu vermeiden). Natürlich arbeiten Sie lieber, um eine Gehaltserhöhung zu erreichen, als um eine Gehaltskürzung zu vermeiden. Mit diesem Buch ist es doch ganz genau so: Es ist für Sie der deutlich schönere Ansporn, das Gegenüber mal so richtig das Fürchten zu lehren (Sie wollen also etwas erreichen!), anstatt selbst nicht mehr doof dazustehen (Sie wollen etwas vermeiden!).

Grundsätzlich ist es also eine gute Idee, Komplimente zu machen bzw. zu loben oder sich zu bedanken. Im Rahmen der Schlagfertigkeit könnte sich das folgendermaßen anhören:

Angriff: „Ihre Abteilung produziert doch nur Papier."
Sie: „Oh, vielen Dank. So habe ich das noch gar nicht gesehen."

Selbstverständlich ist Ihre Antwort umso beeindruckender, je freundlicher Sie diese rüberbringen. Wer mit verkniffenem Gesichtsausdruck „wie schön" sagt, wirkt natürlich längst nicht glaubwürdig wie derjenige, der freudestrahlend die gleichen Worte verkündet.

Ich bevorzuge bei der Komplimente-Technik diejenigen Erwiderungen, die sich absolut glaubwürdig und authentisch anhören. So zum Beispiel:

- „Vielen Dank."
- „So habe ich das noch gar nicht gesehen."
- „Ich finde es toll, dass Sie immer so gut zuhören und man Ihre ganze Aufmerksamkeit genießt. Wenn man ehrlich ist, kommt das viel zu selten vor."
- „Schön, dass Sie sich so intensiv mit der Materie auseinandersetzen. Wir wissen doch alle, dass wir die besten Ergebnisse erzielen, wenn wir alle mit Haut und Haaren dabei sind. Ich

würde mich freuen, wenn sich andere von Ihnen eine Scheibe abschneiden würden.“

- „Ich bin wirklich ganz verblüfft von deiner Aufmerksamkeit. Ich weiß gar nicht, wie ich das verdient habe.“

Nicht so gut Freund bin ich mit Erwiderungen nach dem Motto:

Angriff: „Sei doch nicht so empfindlich.“
Sie: „Vielen Dank für diesen wertvollen Rat.“

Oder:

Angriff: „Was für ein blöder Vorschlag.“
Sie: „Deine Motivationsstärke ist bewundernswert.“

Oder:

- „Einmalig, wie du Gedanken lesen kannst und mir sofort ins Wort fällst.“
- „Sehr beeindruckend.“
- „Sie sind ein Vorbild für mich. Ich lerne stets aufs Neue von Ihnen.“

In all diesen Fällen werde ich das Gefühl nicht los, dass sich diese Komplimente zu ironisch anhören und daher eher aggressiv denn gelassen und souverän wirken.

Vergessen wir zu guter Letzt nicht die Konstellationen, in denen Ihnen womöglich jemand zu Recht an den Karren fährt. Vielleicht, weil Sie zu spät gekommen sind oder weil Sie tatsächlich die Zahlen einer neuen Studie in Ihrer Präsentation nicht berücksichtigt haben. Dann wird ihr Interesse darin liegen, eine große Diskussion zu vermeiden und kurz deutlich zu machen, dass Sie sich Ihres Fehlers bewusst sind. In diesem Fall vergessen wir alles über Schlagfertigkeit, sondern machen ein Zugeständnis. Zum Beispiel:

Freundin: „Du bist zu spät."
Sie: „Entschuldige bitte, Du hast völlig recht. Es war nicht in Ordnung von mir, Dich warten zu lassen."

Uns ist jetzt selbstverständlich klar, dass Sie die Freundschaft arg gefährden würden, wenn Sie hier beispielsweise mit dem überspitzten Gegenteil argumentieren würden („Wäre Dir eine langweilige Pünktlichkeitsfanatikerin etwa lieber?"). Also greifen Sie besser auf das Zu- bzw. Eingeständnis zurück, bevor Sie um eine Freundschaft ärmer sind.

Zusammenfassung: Zustimmung

Wer einen umarmt, dem kann man nicht widersprechen. Genau dieses Prinzip machen wir uns hier zu Nutze. Umarmen tun wir indem wir

1. dem Angreifer zustimmen.
   Zum Beispiel: „Stimmt“, „Da sprechen Sie ein wahres Wort gelassen aus“ etc.
2. Oder ihn loben bzw. ihm ein Kompliment machen.
   Zum Beispiel: „Das ist eine sehr interessante Sichtweise. Gut, dass Sie das angesprochen haben.“

Wichtig ist, dass Ihre Antwort völlig ernsthaft und eher wenig ironisch klingt. Nur dann weiß das Gegenüber nicht, dass Sie seinen Angriff als solchen wahrgenommen haben und muss sich damit abgeben, dass seine Attacke spurlos an Ihnen vorüber gegangen ist.

Nur Übung macht den Meister:

Angriff: „Wollen Sie mit diesen Stiefeln auf den Mount Everest steigen?“

Ihre Antwort:

Angriff: „Ich wusste gar nicht, dass Jeans Bürokleidung sind ...“

Ihre Antwort:

Angriff: „Aber sonst geht’s noch, oder?“

Ihre Antwort:

Übertreiben Sie es ruhig!

Einst trug es sich auf der gefürchteten Ledercouch von Stefan Raab zu, dass dieser den ehemaligen Profi-Fußballer Jimmy Hartwig fragte: „Komm, Jimmy, Du liest doch auch immer die Heftchen mit den nackten Frauen?“ Während ein Millionenpublikum zuschaute, hätte Jimmy Hartwig natürlich versuchen können, sich ernsthaft zur Wehr zu setzen, indem er zum Beispiel hätte sagen können: „Nein, nein, das ist nichts für mich.“ Doch stellen Sie sich das einmal vor: Womöglich wäre er dabei rot geworden, weil die Frage an sich ja schon völlig unangenehm und, sind wir ehrlich, völlig unangemessen und unverschämt ist. Fast sieht es so aus, als könnte man auf diese Frage hin mit jeder Antwort nur verlieren. Nicht so Jimmy Hartwig. Der antwortete nämlich extrem schlagfertig: „Ja, na klar, ich hab sogar ständig eine aufblasbare Puppe im Kofferraum ...“

So kontern können Sie auch. Diese Technik ist nämlich, behaupte ich, ziemlich einfach in die Tat umzusetzen. Sie müssen einfach nur den Vorwurf des Gegenübers aufgreifen und hoffnungslos übertreiben. Je extremer die Übertreibung, umso besser. Denn dann wird auch garantiert deutlich, dass es sich bei Ihrer Antwort um die reine Ironie handelt und der Inhalt keineswegs den Tatsachen entspricht – oder glauben Sie jetzt etwa, dass Jimmy Hartwig eine aufblasbare Puppe im Kofferraum spazieren fährt? Sicher nicht.

Auf die schlagfertige Antwort kommen Sie nach dem folgenden Schema. Wenn jemand zu Ihnen sagt, dass Ihr Mann aussieht, als sei er Jahre jünger als Sie, dann gehen wir folgendes Gedankenspiel durch: Ein junger Mann, ein noch jüngerer Mann, was machen junge Männer, was dürfen junge Leute, welchen Beruf üben sie aus, welche Gewohnheiten haben sie? Und dann fällt Ihnen vielleicht die Antwort ein: „Stimmt, er ist mich nur abholen gekommen, damit ich ihm in seinem zarten Alter gleich ein Bier kaufen kann." oder „Stimmt, um Mitternacht muss ich ihn immer von der Disco abholen."

Was nicht funktioniert ist, wenn Sie die Übersteigerung zu plump angehen: Werden Sie beispielsweise mit dem Angriff konfrontiert, dass Sie wenig Haare auf dem Kopf haben, so wirkt es nicht unbedingt schlagfertig, wenn Sie antworten: „Stimmt, ich bin kahl wie Bruce Willis.“ Es wird erst witzig, wenn Sie zum Beispiel sagen: „Stimmt, meine Frau brät im Sommer Spiegeleier auf meinem Kopf.“ Je abstruser das Bild, das Sie gerade konstruiert haben, umso besser, umso lustiger und umso schlagfertiger.

Zusammenfassung: Übertreibung

Diese Kontervariante ist nichts anderes als eine großartige Übersteigerung des Angriffs. Wer Ihnen sagt, dass Ihre Nase aussieht, wie die von Steffi Graf, dem können Sie getrost antworten: „Ach, wie schade, und ich hatte auf Gerard Depardieu gehofft.“ Eine solche Übersteigerung gelingt, indem Sie mit dem geäußerten Angriff spielen und assoziieren. Zum Beispiel: Nase von Steffi Graf, Nasen allgemein, wer hat noch große Nasen, wer hat eine noch größere Nase? Übertreibungen sind ein tolles Kontermittel, weil sie stets unglaublich lustig sind und Sie nicht nur schlagfertig, sondern auch sehr souverän dastehen lassen.

Nur Übung macht den Meister:

Angriff: „Du hast Dir wohl eine ganze Kosmetikabteilung ins Gesicht geschmiert."
Ihre Antwort:

Angriff: „Dein Rock stammt aus der Altkleidersammlung, oder?"
Ihre Antwort:

Angriff: „Fährt Dein Auto eigentlich noch?"
Ihre Antwort:

Meinungsfreiheit gilt für jedermann

Ein Angriff verliert an Bedeutung, wenn man ihn als die Meinung einer Einzelperson abtut. Und Sie wissen ja, dass es den Spruch gibt: Allen recht getan, ist eine Kunst, die niemand kann. Darum ist es also nicht weiter verwunderlich, wenn wir bei unserem Tun mal auf weniger Gegenliebe stoßen.

Hierbei handelt es sich um eine recht einfache Konterstrategie, weil Sie nicht individuell auf die Bemerkung eingehen müssen, sondern standardmäßig eine bestimmte Erwiderung servieren können – wieder einmal vollkommen unabhängig vom Wortlaut des Angriffs. Zum Beispiel:

Angriff: „So ein Schwachsinn."
Konter: „Das ist Ihre Meinung."

Sie bemerken, dass es völlig egal ist, wie sich der Angreifer im Detail äußert. Egal, ob er gesagt hätte „so ein Schwachsinn" oder „ das habe ich doch schon tausendmal erklärt" oder „Idiot". in jedem Fall passt der Konter „das ist Ihre Meinung" wunderbar. Alternativ könnte man auch erwidern:

- „Das ist Ihr Problem."
- „Das ist Ihre Sicht der Dinge."
- „Wenn Sie das so sehen."
- „Wenn Sie meinen."

Zusammenfassung: Meinungsfreiheit

Man darf durchaus unterschiedlicher Meinung sein. Und als solche Einzelmeinung tun wir nun die unpassende Bemerkung ab. Sie antworten ganz einfach: „Das ist Ihre Sicht der Dinge" oder auch „Das ist Ihr Problem". Wieder einmal spielt der tatsächliche Wortlaut des Angriffs keine Rolle – mit dieser Antwort landen Sie immer einen Treffer.

Nur Übung macht den Meister:

Angriff: „Idiot!“
Ihre Antwort:

Angriff: „Stammt das aus der Altkleidersammlung?“
Ihre Antwort:

Angriff: „Dir ist wohl das Geld ausgegangen.“
Ihre Antwort:

Spieglein, Spieglein an der Wand: Dem Angreifer sein Spiegelbild zeigen

Mal ganz ehrlich: Nicht jede Bemerkung kann gelingen. Manches Mal möchte jemand vielleicht einfach witzig sein – doch leider geht die Bemerkung in die Hose. Unabsichtlich und ohne jegliche böse Absicht. Es wäre schade, wenn wir nun unsere Energie darauf verwenden, uns zur Wehr zu setzen. Denn eigentlich wäre es gar nicht notwendig, dem anderen zu zeigen, dass wir nicht als Opfer zur Verfügung stehen – er hatte ja gar nicht vor, uns in die Opferrolle zu drängen und sich auf unsere Kosten zu produzieren.

Darüber hinaus tun wir gut daran, nicht jede Bemerkung auf uns zu beziehen. Vielleicht sind wir einfach nur die Person, die zur falschen Zeit am falschen Ort weilt und abbekommt, was eigentlich jemand anderem gilt. Als Klassiker gilt hierbei wohl der heimkehrende Ehepartner, der einen – kaum durch die Tür gekommen – anrüffelt, obwohl eigentlich noch gar keine Zeit zur Verfügung stand, um sich in die Haare zu bekommen. Wer nun enthusiastisch auf den Rüffel einsteigt, sich beleidigt zeigt, eine Diskussion vom

Zaun bricht oder sich einfach nur die Stimmung vermiesen lässt, wird dadurch wenig gewinnen. Sehr wahrscheinlich galt die schlechte Laune gar nicht dem Wartenden zuhause, sondern irgendwelchen Mitarbeitern im Büro oder dem Sonntagsfahrer, der einem eben die Vorfahrt nahm. Pech eben, dass man die schlechte Laune jetzt abbekommt.

Es fragt sich, wie man solche Situationen charmant und elegant entschärft. Denn ganz bestimmt möchten Sie doch noch einen schönen Abend genießen, anstatt sich verbal die Köpfe einzuhauen. Am besten funktioniert hier meines Erachtens die Strategie, dem anderen den Spiegel vor die Nase zu halten. Selbstverständlich frei von Vorwürfen oder Wertungen. Zum Beispiel:

Partner: „Der Abend heute kann mir gestohlen bleiben."
Sie: „Du bist wütend."

Bitte fügen Sie Ihrer Feststellung keinen weiteren Kommentar hinzu. Es reicht völlig, dem anderen dessen momentanen Gemütszustand kurz und knapp zu spiegeln. Es muss jetzt nicht sein, dass Sie im Anschluss Ihre eigenen Empfindungen mit ins Spiel bringen (zum Beispiel „Es macht mich traurig, wenn Du mich deshalb so anfährst.“). In der Regel reicht die reine Feststellung („Du bist wütend.“), um den anderen auf den Boden der Tatsachen zurückzubringen und ihn zum Erklären und Erzählen zu ermuntern.

Natürlich können Sie diese Strategie auch außerhalb der eigenen vier Wände anwenden. Zum Beispiel:

Kollege: „Deine Besserwisserei geht mir auf die Nerven.“
Sie: „Du bist ungehalten.“

Schwiegermutter: „So einen bunten Mantel würde ich niemals tragen.“
Sie: „Du hast einen anderen Geschmack in Sachen Mode.“

Sie sehen also, dass die Erwiderungen in diesem Kontext vorzugsweise mit „Du“ oder „Sie“ anfangen: „Du hast eine andere Meinung“, „Du hast einen anderen Geschmack“, „Sie sind ungehalten“.

Zusammenfassung: Spiegeln

Vollkommen wertungsfrei halten Sie dem Sprücheklopfer einen Spiegel vor. Hüten Sie sich davor, zu viel zu sagen. Es reicht völlig, dem anderen seinen Gemütszustand kurz und knapp vor die Nase zu halten. Zum Beispiel: „Du bist wütend." Ihre Formulierungen beginnen mit „Du" oder „Sie" und beinhalten keine schwächenden Elemente – verzichten Sie daher auf Einschränkungen wie „meiner Meinung nach" oder „ich empfinde es so als ..." etc.

Nur Übung macht den Meister:

Angriff: „Du nervst."
Ihre Antwort:

Angriff: „Sind denn alle verrückt geworden hier?"
Ihre Antwort:

Angriff: „Wie oft muss ich Dir das denn noch sagen, bis Du es kapierst?"
Ihre Antwort:

Treffend kommentieren

Vielleicht liegt Ihnen auch die Technik des „Kommentierens". Diese ist verwandt mit dem sachlichen Spiegeln, mit dem wir uns soeben beschäftigt haben. Statt Worte zu wählen wie „Du bist ungehalten", können Sie dem Stänkernden auch kurz und knapp vor Augen führen, dass er sich Ihnen gegenüber unfair verhält. Zum Beispiel:

Partner: „Jetzt nerv Du mich nicht auch noch."
Sie: „Das ist unfair."

Oder:

Partnerin: „Kannst Du mich nicht mal fünf Minuten in Ruhe lassen, wenn ich nach Hause komme?"
Sie: „Das ist ungerecht mir gegenüber."

In beruflichem Kontext könnten Sie auch nach der Feststellung „Das ist unfair" einfach weiterreden. Zum Beispiel:

Kollege: „Sie haben den Job aber auch nicht aufgrund Ihrer fachlichen Kompetenz bekommen."
Sie: „Das ist unfair. Wir waren gerade beim Thema Verkauf und sprachen über den Ausbau unserer Vertriebsaktivitäten ..."

Damit nehmen Sie dem Angriff natürlich schnellstens den Wind aus den Segeln und lassen sich kein bisschen aus der Ruhe bringen. Das nenne ich souverän!

Zusammenfassung: Kommentieren

Beim Kommentieren halten Sie dem Gegenüber nicht den Spiegel in der Hinsicht vor, dass Sie seinen Gemütszustand auf den Punkt bringen, sondern führen ihm vor Augen, dass sein Verhalten nicht korrekt ist. Ihre Antworten lauten daher: „Das ist unfair“ oder „Das ist unsachlich“.

Nur Übung macht den Meister:

Angriff: „Das trauen Sie sich doch nur, weil Sie das Schätzchen vom Chef sind.“

Ihre Antwort:

Angriff: „Haarenachfärben würde Dir auch mal wieder nicht schaden.“

Ihre Antwort:

Angriff: „Sie sind der Witz des Tages.“
Ihre Antwort:

____

____

Attacke: Auf zum Gegenangriff!

Noch einmal zur Wiederholung und als ein gutes Beispiel dafür: Winston Churchill soll einst zu Lady Astor gesagt haben, dass eine Frau im Parlament vergleichbar sei mit einer Frau, die in sein Badezimmer eindringt. Worauf Lady Astor pfiffig konterte: „Sie sind nicht attraktiv genug, um solche Befürchtungen haben zu müssen."

Verständlich, dass Lady Astor hier keineswegs auf eine leise Antwort zurückgreifen wollte. Auch Ihnen wird das ab und an so gehen: Sie möchten sich nicht mehr mit einer charmanten und weichen Schlagfertigkeitstechnik zufrieden geben? Dann wird es wohl Zeit, um zum Gegenangriff zu blasen. Jetzt nämlich machen wir unserem Gegenüber deutlich, dass unsere Geduld

erschöpft ist und er den Bogen deutlich überspannt hat. Leider handelt es sich beim Gegenangriff um eine Technik, bei der es ganz und gar nicht mehr dezent zugeht. Das heißt zum einen, wir machen deutlich, dass wir einen Angriff vernommen haben und zum anderen, dass wir keine Angst davor haben, gegen den anderen in den Krieg zu ziehen. Folglich sollte diese Schlagfertigkeitsstrategie nicht Ihre erste Wahl sein, wenn Sie sich gerade neu am Thema versuchen. Um Selbstsicherheit zu tanken (und die ist unverzichtbar für den Gegenangriff), sollten Sie sich zunächst einmal mit den etwas einfacheren Strategien beschäftigen. Es eignen sich dann grundsätzlich solche gut, bei denen Antworten aus dem Hut gezaubert werden können, die immer passen und die nicht individuell auf den Angriff ausgerichtet werden müssen. Diese finden Sie schwerpunktmäßig auf den vorangegangenen Seiten.

Wenn Sie sich jedoch entschlossen haben, auf dem Kriegspfad zu wandeln, dann kommen im Wesentlichen zwei Alternativen für den Gegenangriff infrage:

1. *Den Angriff aufdecken*:
Die decken den Angriff unerschrocken auf und sprechen ihn offen an. Hätte der Angreifer damit gerechnet, hätte er Sie selbstverständlich nicht attackiert. Seine Absicht war es nämlich nicht, sich in Kürze selbst in einer rechtfertigenden Position zu wähnen, sondern seine Intention lag darin, Sie in Verlegenheit zu bringen. Stattdessen drehen Sie den Spieß um und zwingen den anderen dazu, Farbe zu bekennen. Verschiedene Formulierungen eignen sich, um dieses Ziel zu erreichen:
– „Das ist ein Angriff."
– „Diese Bemerkung ist unangemessen."
– „Diese Bemerkung steht Ihnen nicht zu."
– „Sie greifen mich an."
– „Sie unterstellen mir Inkompetenz/Geschmacklosigkeit/Ahnungslosigkeit etc."
– „Ihr Ton ist der Sache völlig unangemessen."
Bitte widerstehen Sie unbedingt der Versuchung, sich zu rechtfertigen oder zu erklären oder Ihrer Aufdeckaktion weitere Erklärungen hinzuzufügen. Es reicht, wenn Sie mit den Worten „diese Bemerkung steht Ihnen nicht zu" klarstellen, was Sie von den Worten des Gegenübers halten. Auch rate ich Ihnen, auf

schwächende Formulierungen wie „ich bin der Meinung, dass Ihnen diese Bemerkung nicht zusteht“ zu verzichten. Es hat sehr viel mehr allgemein gültigen Charakter, wenn sie feststellen „diese Bemerkung ist unangemessen“. Ziehen Sie also nicht in Betracht, dass das nur „Ihrer Meinung nach“ oder „ nach Ihrem Empfinden“ so sein könnte. Es ist so. Punkt.

2. *Den Angriff ins Lächerliche ziehen*:
   Wenn Sie mögen, können Sie den anderen mitsamt seiner Bemerkung auch ganz wunderbar durch den Kakao ziehen. Dadurch disqualifizieren Sie die unpassende Bemerkung und bringen sich selbst in eine erhabene Position. Zum Beispiel:
   Kollege: „Kürzer ging es wohl nicht mehr bei Ihrem Rock.“
   Sie: „Wow, da hat jemand aber ganz genau hingesehen. Das erzählen wir mal lieber nicht Ihrer Frau.“
   Oder:
   Bekannte: „Dir sieht man gar nicht an, dass ihr in der Sonne wart. Aber Du bist eher ein blasser Typ, oder?“
   Sie: „Hui, da hast Du Dir aber viele Gedanken gemacht. Dir war wohl langweilig, was?“

Oder:

Passant: „Da hinten haben Sie sich ja ne schöne Beule ins Auto gefahren. Typisch Frau."

Sie: „Da haben Sie im Biologie-Unterricht aber gut aufgepasst. Mein Kompliment. Das gab bestimmt eine Eins mit Sternchen."

Oder:

Freund: „Bist Du in den Schminktopf gefallen?"

Sie: „Ganz schön aufmerksam. Wo lernt man denn so was?"

Zusammenfassung: Gegenangriff

Hier machen Sie deutlich, dass Sie sich den Angriff nicht gefallen lassen und dass Sie mutig genug sind, sich auf eine Auseinandersetzung und auf ein Kräftemessen einzulassen. Das ist nicht immer sinnvoll. Denn wenn Ihnen ein Passant auf der Straße mit einem dummen Spruch kommt, so muss es wohl nicht sein, dass wir unsere Zeit und Mühe auf einen Gegenangriff verwenden. Schöner wäre es dann, den anderen mithilfe anderer Schlagfertigkeitstechniken hoffnungslos zu verwirren. Wenn jedoch der

Kollege zum 100. Mal blöd daher kommt, kann ich verstehen, dass Ihnen der Geduldsfaden reißt und Sie sich nun wagemutig in den Kampf stürzen möchten. Entscheiden Sie sich für eine der beiden Möglichkeiten: Decken Sie den Angriff auf und sprechen Sie ihn unerschrocken an („Sie greifen mich an“, „Diese Bemerkung steht Ihnen nicht zu“ etc.) oder ziehen Sie den Angriff ins Lächerliche („Ui, da haben Sie aber genau hingesehen“ oder „Wie galant, wo lernt man denn so was?“).

Nur Übung macht den Meister:

Angriff: „Sie wirken auf mich wie eine Schlaftablette.“

Ihre Antwort:

Angriff: „Ich dachte immer, Minus mal Minus gibt Plus. Bei Ihnen und Ihren Kollegen gilt das aber offensichtlich nicht.“
Ihre Antwort:

Angriff: „Ups, diese Schuhe würde ich eher im horizontalen Gewerbe erwarten.“
Ihre Antwort:

Das Sandkastenprinzip: Den anderen übertrumpfen

Diese Konterstrategie nennen wir das Sandkastenprinzip, da sie nach einer ähnlichen Manier funktioniert, nach der wir uns schon mit Kindesbeinen durchgesetzt haben. Stellen Sie sich vor, dass zwei Kinder zusammen auf dem Spielplatz sitzen und ein Streit ausbricht. Daraufhin schreit das eine Kind: „Du bist doof!" woraufhin das andere Kind zeternd erwidert: „Und du bist noch viel doofer!" Auch wenn es sich reichlich unsachlich anhört, verfahren wir nach dem exakt gleichen Motto. Wir machen zum einen deutlich, dass wir einen Angriff vernommen haben und keineswegs bereit sind, diesen zu dulden. Ganz im Gegenteil: Wir haben es uns zur Aufgabe gemacht, den anderen noch tiefer in den Boden zu stampfen, als er das bei uns versucht hat. Der Krieg ist also ganz offensichtlich ausgebrochen und wird nun offen ausgetragen.

Dabei kommen im Wesentlichen drei verschiedene Techniken wahlweise zur Anwendung:

1. *„Wer im Glashaus sitzt, sollte nicht mit Steinen werfen."*

   Über diesen Spruch machen wir dem Angreifer deutlich, dass es um ihn selbst ja noch viel schlimmer steht. Wir bringen zum Ausdruck, dass derjenige mal schön ruhig sein sollte, da er selbst einige Leichen im Keller hat. Das kann ganz schlicht erfolgen, indem Sie wortwörtlich den Spruch „Wer im Glashaus sitzt, sollte nicht mit Steinen werfen" oder „Man sollte nicht von sich auf andere schließen" zitieren und sich damit das Leben relativ einfach machen. Denn diese Konter passen einmal mehr zu jeder Zeit – wieder ist es völlig unerheblich, welcher Spruch Ihnen um die Ohren gehauen wurde; wir begnügen uns mit der bewährten Allzweckwaffe namens „Der Spruch, der immer passt.“ Zum Beispiel:

Kollege: „Gewagter Dresscode ...“

Sie: „Na, na, wer selbst im Glashaus sitzt, sollte nicht mit Steinen werfen.“

Oder:

Bekannter: „Ihr seid ein bisschen überfordert, oder?“

Sie: „Ganz schön mutig: wer selbst im Glashaus sitzt, sollte bekanntlich nicht mit Steinen werfen.“

Oder:

„Du solltest mal lieber nicht von dir auf andere schließen.“

Wenn Sie sich schon mehr zutrauen, dann verwenden Sie nicht den bekannten Spruch rund ums Glashaus, sondern gehen individuell auf die Bemerkung ein. Zum Beispiel:

Bekannte: „Da schaut ein kleines Bäuchlein über Deinen Hosenbund.“

Sie: „Tja, gleich und gleich gesellt sich gern. Du hast in den letzten Tagen doch sicher auch mal in den Spiegel gesehen, oder?“

Oder:

Kollege: „Das ist überflüssiges Zeug, das Du da von Dir gibst."

Sie: „Oh, das überrascht mich jetzt aber, dass ausgerechnet du das sagst. Oder hast Du Dir noch nie selbst zugehört?"

Nach meinem Geschmack ist der Standardspruch „Wer im Glashaus sitzt, sollte nicht mit Steinen werfen" etwas charmanter und weniger direkt. Natürlich ist schon klar, was damit gemeint ist, aber der Gegenangriff erfolgt weniger aggressiv. Wer dagegen zur Formulierung greift „Schon mal selbst in den Spiegel gesehen?" oder: „Hast du Dir mal selbst zugehört?", der attackiert direkter und brutaler.

2. *„Besser als..."*

Bei dieser Variante parieren wir dadurch, dass wir ein Wort aus dem Angriff übernehmen und es überspitzen bzw. auf einen schlimmeren Sachverhalt anwenden. Wir stellen es so dar, dass der schlimmere Sachverhalt auf Seiten unseres Gegenübers liegt und wir dagegen wie ein harmloses Mauerblümchen erscheinen. Zum Beispiel:

Kollegin: „Der Rock sieht ein bisschen eng aus."

Sie: „Besser ein enger Rock als engstirnig zwischen den Ohren."

Oder:

Kollege: „Du siehst ganz schön fertig aus. Wohl zu lange gefeiert, was?"

Sie: „Besser fertig aussehen und glücklich sein, als das Beste im Leben zu verpassen."

Oder:

Bekannte: „Meine Güte, wer hat Dir denn diese abstrusen und weltfremden Flausen in den Kopf gesetzt?"

Sie: „Besser ein paar Flausen im Kopf, als sterbenslangweilig zu sein."

Natürlich formulieren wir nicht direkt, dass das Gegenüber „engstirnig zwischen den Ohren" sei, „das Beste im Leben verpasst" oder „sterbenslangweilig" sei. Schließlich sagen Sie ja nicht: „Besser ein enger Rock wie bei mir, als engstirnig zwischen den Ohren wie bei Dir". Das Gegenüber wird jedoch nicht anders können, als diese überspitzten Formulierungen auf sich zu beziehen. Freunde macht man sich so sicher keine – aber vielleicht ist das in diesem Moment auch so gewollt.

3. *„Gerade weil …"*

Aller guten Dinge sind drei: Nun werten wir den Angriff nicht als Nachteil, sondern als einen unserer entscheidenden Vorteile. Zum Beispiel:

Bekannte: „Du bist ein richtiges Plappermaul, bei Dir ist wirklich kein Geheimnis sicher."

Sie: „ Gerade weil ich ein Plappermaul bin, erzählen mir die Leute ihre Geheimnisse."

Oder:

Kollege: „Guter Geschmack sieht aber anders aus."

Sie: „Gerade weil ich so guten Geschmack habe, trage ich dieses Outfit."

Zusammenfassung: Übertrumpfen

Das Prinzip hierbei lautet: Jemand hat Sie angegriffen und soll nun merken, dass das ein schwerer Fehler gewesen ist. Denn Ihre Retourkutsche ist noch viel härter, als es der Angriff selbst gewesen ist. Antworten Sie zum Beispiel mit dem Spruch „Wer im Glashaus sitzt, sollte nicht mit Steinen werfen" und erzeugen Sie dadurch den Eindruck, dass der Ihnen unterstellte Sachverhalt erst Recht auf Ihr Gegenüber zutrifft.

Oder Sie greifen die Unterstellung des Sprücheklopfer auf und lassen diese in eine Antwort in Kombination mit den Worten „besser als …“ einfließen (Angriff: „Du bist echt lahm zu Fuß.“, Antwort: „Besser lahm zu Fuß, als lahm im Kopf.“).

Oder Sie verwenden bei Ihrer Antwort die Formulierung „gerade weil …“ und erzeugen dadurch den Eindruck, dass der Vorwurf sogar eine Ihrer Stärken ist (Angriff: „Kein Mensch räumt so langsam den Schrank ein wie Du.“, Antwort: „Gerade weil ich langsam und sorgfältig vorgehe, passieren mir keine Fehler.“).

Nur Übung macht den Meister:

Angriff: „Du redest komisch leise.“
Ihre Antwort:

Angriff: „Ist diese Klapperkiste Deine?“
Ihre Antwort:

Angriff: „Du verträgst wohl keinen Alkohol, was?“
Ihre Antwort:

Abschlussrunde: Tipps zur gelungenen Umsetzung

Es ist ganz sicher noch kein Meister vom Himmel gefallen. Und darum ist Schlagfertigkeit vor allem eine Sache der Übung und eine Frage des Selbstvertrauens. Einen Teil der Übung konnten Sie in diesem Kapitel bereits absolvieren, indem Sie den Lückentext ausgefüllt haben. Wenn Sie nun jedoch am Ende von so vielen Schlagfertigkeitstechniken mit rauchendem Kopf dastehen, können Sie sich wahrscheinlich kaum entscheiden, welche der Techniken Ihren nächsten Angreifer denn ereilen soll. Darum rate ich Ihnen, sich zwei Techniken herauszugreifen, die Ihnen am besten liegen. In meinen Seminaren ist es manchmal so, dass der eine Teilnehmer sich mit den soften Möglichkeiten unwahrscheinlich schwer tut und lieber gleich aus dem Vollen schöpfen möchte. Umgekehrt gibt es natürlich auch Mitmenschen, die sich mit Vorliebe an den weichen Techniken versuchen und meinen, dass sie gerade diese authentisch wiedergeben können. Und genau das ist von zentraler Bedeutung: Sie müssen sich mit der gewählten Technik wohl fühlen. Es kommt nicht darauf an, dass Sie alle Strategien im Kopf haben – ich habe Ihnen nur darum zahlreiche Möglichkeiten vorgestellt, damit Sie aus dieser Vielfalt diejenigen herausgreifen können, die Ihnen am meisten zusagen.

Wenn Sie bislang eher schüchtern agiert haben, dann empfiehlt es sich, sich diejenigen Konter intensiv zu Gemüte zu führen, die völlig unabhängig von dem individuellen Wortlaut des Angriffs zur Anwendung kommen können. Lernen Sie diese auswendig und schießen Sie diese bei Bedarf auf den Angreifer ab. Sie werden sehen, dass es jede Menge Spaß macht, die Verwirrung zu beobachten, die man damit stiftet. Natürlich sollen und dürfen Sie niemals eine Ihrer Reaktionen erklären – das wäre ja auch unmöglich. Ein weiterer Konter, der übrigens fast immer passt, ist der Standardspruch: „Sie hätten mich mal gestern erleben sollen!" Egal, ob man Ihnen einen kurzen Rock, eine geschmacklose Krawatte oder ein langsames Arbeitstempo vorwirft – dieser Spruch gehört zu den beliebtesten Alleskönnern.

Und auch wenn Sie sich die schönsten Techniken gemerkt haben, kann es immer noch passieren, dass uns manchmal die Luft wegbleibt. Das kommt in den besten Familien vor und es passiert auch mir, obwohl ich mich nahezu tagein tagaus mit diesem Thema beschäftige.

Auf wundersame Art und Weise ist es jedoch auch so, dass Angreifer zu spüren scheinen, bei wem sie ihr Glück einmal probieren können und bei wem besser nicht. Kurzum: Sie strahlen die Macht, kontern zu können, unweigerlich aus und das wird dazu führen, dass Sie in Zukunft ohnehin schon seltener Opfer von unfairen Attacken werden. Aber dann soll es uns ja auch recht sein. Denn wir betrachten diese Form der Schlagfertigkeit als eine Art Notschalter, um das Gespräch wieder auf eine angemessene Ebene zurückzubringen und handeln somit mehr oder weniger in Notwehr. Es kommt uns ja nicht drauf an, um jeden Preis eine Auseinandersetzung vom Zaun zu brechen – wie bereits erwähnt: In der Stille gibt es kein Drama.

Wer über das Ziel hinausschießt

Nicht selten wird mir berichtet, dass das Problem mit der Schlagfertigkeit keineswegs nur darin liegt, dass einem bei einem Angriff nichts einfällt und man unfreiwillig still bleibt. So mancher hat nämlich seine Probleme damit, dass er keineswegs zu stumm bleibt – ganz im Gegenteil. Ab und an wird mit Kanonen auf Spatzen geschossen und ehe man sich versieht, hat man den anderen mit einem Spruch mundtot gemacht und muss feststellen, dass dieser Spruch zu viel des Guten gewesen ist. Nach meiner Erfahrung ist es sogar leichter, sich das unfreiwillige Schweigen abzutrainieren als das verbale Explodieren unter Kontrolle zu halten.

Wer feststellt, dass er gern mal über das Ziel hinausschießt, dem kann ich nur raten, sich darauf zu besinnen, dass eine Antwort nicht unmittelbar erfolgen muss. Es ist keineswegs notwendig, dass Sie beim Hören des Angriffs schon zu Ihrem Konter ansetzen. Gerade dann agieren Sie zu schnell, zu unüberlegt und reagieren womöglich zu heftig. Es empfiehlt sich, ganz bewusst erst einmal eine Pause einzulegen, tief durchzuatmen und bis drei zu zählen. Haben Sie diese Pause geschafft, müssen Sie keine Angst mehr haben, dass mit Ihnen – verbal gesehen – der Gaul durchgeht. Jetzt sind Sie in der Lage vernünftig abzuwägen, was gesagt und was besser verschwiegen werden sollte.

Was aber nun, wenn das Kind schon in den Brunnen gefallen, der Spruch schon über die Lippen gekommen ist und man ihn schlecht wieder zurücknehmen kann? Dann geraten die Betroffenen nicht selten in die Verlegenheit, dass sie sich bei ihrem Angreifer entschuldigen müssen. Und das ist durchaus eine paradoxe Situation. Denn schließlich sind Sie ja soeben selbst angegriffen worden und nun müssen Sie sich „dafür" auch noch entschuldigen. Um nicht allzu schlecht dazustehen, können Sie folgendermaßen formulieren:

- „Oh je, da sind wir jetzt hoffentlich quitt."
- „Hoppla. Da sind wir wohl beide ein wenig über das Ziel hinausgeschossen."
- „Stopp ... entschuldigen Sie bitte. Da sind wir wohl gerade auf dem falschen Weg."
- „Mir scheint, da ist unser Temperament mit uns durchgegangen. Na ja, vielleicht belebt das auch eine Diskussion. Aber jetzt lassen Sie uns vernünftig auf das Thema blicken ..."

Ihnen ist aufgefallen, dass wir den Angreifer mit diesen Formulierungen stets mit ins Boot geholt haben. Sie haben nie nur von sich selbst gesprochen und sich für sich selbst entschuldigt, sondern jedes Mal betont, dass beide Parteien an dem Schlagabtausch beteiligt waren.

Wie man charmant ablehnt und gekonnt „Nein“ sagt

Sehr häufig werde ich im Zusammenhang mit dem Thema Schlagfertigkeit gefragt, wie man denn am besten „nein“ sagen könnte. Das hängt damit zusammen, dass wir uns generell mit Zurückweisung schwertun: das kann Zurückweisung sein, die wir selbst erfahren (zum Beispiel indem uns jemand verbal attackiert) oder indem wir jemand anderem etwas abschlagen müssen. Beides empfinden wir als unangenehm, weil es in unseren Augen zu Verstimmungen führen kann. In der Folge sagen wir häufig „ja“ (oder bei verbalen Attacken auch gar nichts), obwohl wir es keineswegs so meinen. Und so wundert es mich immer wieder, dass Teilnehmer häufig der Meinung sind, sie bräuchten Schlagfertigkeit, wenn sie in Wirklichkeit einfach nur „nein“ sagen könnten.

Damit wir uns richtig verstehen: Ich glaube schon, dass Schlagfertigkeit das Leben erleichtert. Zum einen können Sie sich besser zur Wehr setzen, wenn es nötig sein sollte, und zum anderen kann Schlagfertigkeit auch jede Menge Sympathiepunkte einbringen. So zum Beispiel wenn Sie sie als pfiffigen Bestandteil in Smalltalk-Gespräche einbringen und nicht nur als bloße Verteidigungsstrategie einsetzen – mehr dazu aber erst im nachfolgenden Kapitel.

Manchmal ist es jedoch auch einfach so, dass gar kein Angriff vorliegt, sondern Sie „nur“ etwas nicht machen möchten. Und dann müssen Sie „Nein!“ sagen können. Da es nun in der Tat recht plump daherkommen würde, wenn Sie sich wirklich nur dieses kleinen Wörtchens bedienen würden, finden Sie hier mehrere charmante Möglichkeiten, die das Gleiche aussagen, jedoch für Sie einfacher aussprechbar und für den anderen leichter zu akzeptieren sind.

1. *„Das passt mir im Augenblick leider nicht.“*
   In den meisten Fällen brauchen Antragsteller eine schnelle Lösung. Indem Sie sagen, dass Ihnen die Sache „im Augenblick“ nicht passt, haben Sie genau genommen nicht generell nein gesagt. Für den Fragenden läuft das jedoch aufs Gleiche hinaus. Da er jetzt eine Lösung sucht und Sie in diesem Moment nicht zur Verfügung stehen können, bedeutet das, dass Sie nicht zum Einsatz kommen können. Sie selbst stehen gut da, weil es sich so anhört, als würden Sie eigentlich gerne helfen, könnten das aber leider im Moment nicht bewerkstelligen. Hüten Sie sich davor, zu erklären, warum Sie

nicht helfen können. Unweigerlich wird der Fragende sein Projekt als relevanter einstufen und nun womöglich mit Ihnen darüber diskutieren wollen, was für Sie Priorität haben sollte.

2. *„Ich würde sehr gern mit Ihnen zusammenarbeiten …“*
   Hier bringen wir eine Kombination aus „Das passt mir im Augenblick leider nicht“ und „ich schätze Sie sehr“ zum Einsatz. Wie Sie auf den vorangegangenen Seiten schon gelesen haben, sind Komplimente eine echte Allzweckwaffe. Wie sollte man Ihnen böse sein, wenn Sie den Anschein erwecken, dass Ihnen selbst das Beste durch die Lappen geht, indem Sie der Frage eine Absage erteilen müssen? Da ist doch eher eine Runde Mitleid für Sie angebracht. Ihre ablehnende Formulierung lautet also beispielsweise: „Sehr gern würde ich zusagen. Ich schätze die Zusammenarbeit mit Ihnen sehr. Ich schätze sehr, was Sie für unsere Abteilung leisten. Leider kann ich derzeit nicht zur Verfügung stehen, mein Schreibtisch ist einfach zu voll. Ich habe schon bei anderen

Arbeitspaketen zugesagt und möchte meine Versprechen dort nicht brechen. Wie schade."

3. *„Das ist ein attraktives Angebot."*
   Würdigen Sie die Anfrage des Fragestellers, indem Sie betonen, dass das eine wirklich interessante Idee, ein tolles Angebot oder eine attraktive Einladung ist. Sie geben dadurch kund, dass Sie sich bewusst sind, dass es sich bei der Fragestellung um eine regelrechte Auszeichnung für Sie handelt und Sie sich freuen, dass man an Sie gedacht hat. Im Anschluss machen Sie deutlich, dass Ihre Kräfte leider anderweitig gebunden sind (ohne groß zu erklären, was das „andere" ist) und Sie das sehr bedauern.
4. *„Oh, tut mir leid, das kommt prinzipiell nicht in Frage."*
   Wenn Sie zum Beispiel angerufen und um eine Spende gebeten werden, ist es stets einfacher, einen ablehnenden Bescheid zu erteilen, indem man sich darauf beruft, dass man „so etwas" prinzipiell nicht tut. Dann nämlich wird dem Fragenden klar, dass es auch keinen Sinn macht, an Ihnen die eigenen Überredungskünste auszutesten: Es ist ja nicht so, dass Sie nicht an sein „Projekt" glauben würden und

man Sie doch noch irgendwie zum Mitmachen überreden könnte – vielmehr stehen prinzipielle Gründe einer Zusage im Weg und daran ist nun mal nichts zu rütteln. Es handelt sich bei dieser Form der Absage daher um eine schnelle, schmerzlose und erfolgreiche Form.

5. *„Ähm ... nein."*
   Verständlicherweise tun sich Fragende leichter, wenn Sie kein abruptes „nein" serviert bekommen, sondern ihnen das Gefühl vermittelt wird, dass man wirklich über die Anfrage nachgedacht hat ... aber leider absagen muss. Dazu verwenden wir vor dem „nein" ein Füllwort wie zum Beispiel „ähm" plus eine kleine Kunstpause.
6. *„Oh je ... das tut mir leid für Sie."*
   Seien Sie vorsichtig, wenn Ihnen jemand sein Leid klagt und Sie so auf indirektem Wege zur Mithilfe bewegen möchte. So jemand stellt seine Frage nicht direkt an Sie, sondern setzt auf Ihr Mitgefühl und Ihre Hilfsbereitschaft. Sagen Sie nur „ja", wenn Sie auch wirklich wollen und sich sicher sind, dass Sie es nicht schon ein paar Sekunden später bereuen werden. Ein direktes „nein" als Antwort kommt hier nicht in Frage, weil Sie ja nicht einmal

direkt um Unterstützung gebeten wurden. Stattdessen können Sie Ihr Mitgefühl demonstrieren, indem Sie sagen „Oh je, das tut mir leid. Ich hoffe, Sie finden eine (andere) Lösung."

7. *„Geben Sie mir etwas Bedenkzeit."*
   Kein Mensch sagt, dass Sie sofort antworten bzw. sich sofort entscheiden müssen. Wie wäre es stattdessen, wenn Sie um etwas Bedenkzeit bitten? Das ist legitim und besonders hilfreich, wenn Sie sich von der Anfrage überrumpelt fühlen. Sie können versprechen: „Lassen Sie mich darüber nachdenken / meinen Terminkalender prüfen / mich mit meiner Frau absprechen. Ich rufe Sie in einer Stunde zurück." Genau das müssen Sie dann natürlich auch tun: Nach einer Stunde greifen Sie zum Telefonhörer und sagen mithilfe einer der oben vorgestellten Varianten „nein". Die Bedenkzeit hat den Eindruck geschürt, Sie hätten Ihr Möglichstes getan, und macht die Absage weniger hart.

Angriff oder Kritik? Wie Sie das eine vom anderen unterscheiden

Die Zuhörer meiner Vorträge und Seminare fragen mich häufig, welche Abwehrmöglichkeiten man denn im beruflichen Kontext gegenüber höherrangigen Personen hat. Es dämmert uns recht schnell, dass das „verwirrende Sprichwort" oder auch der „Gegenangriff" vielleicht nicht unbedingt die beste Wahl sind, wenn man sich gegenüber dem Vorgesetzten, einem Kunden oder auch privat gegenüber dem Gastgeber einer Party behaupten möchte. Als elementar erachte ich hierbei die Frage, wodurch wir einen unangemessenen Angriff von berechtigter Kritik unterscheiden können. Denn wenn der Chef berechtigterweise darauf hinweist, dass in unserem Schreiben ein paar Rechtschreibfehler zu viel enthalten waren, so macht es sich nicht besonders gut, das mit einem flotten Spruch abzutun.

Unter „Kritik" versteht man die Beurteilung einer Handlung anhand der eigenen Maßstäbe. Grundsätzlich ist Kritik also völlig wertneutral und kann im positiven wie auch im negativen Sinne erfolgen. Wenn Sie also zum Beispiel eine Frau einen Kinderwagen durch die Innenstadt schieben sehen und beobachten, wie eine Passantin unerschrocken in den Kinderwagen greift, um das fremde Kind zu berühren, so denken Sie womöglich: „Das würde ich nie machen." Ihre eigenen Maßstäbe verbieten es Ihnen, die Distanzzone derart zu unterbinden und folglich beurteilen Sie das Verhalten der Passantin als negativ. Wenn Sie das Ganze anders sehen, so fällt Ihre Beurteilung positiv aus – es handelt sich jedoch immer noch um Kritik, aber eben im positiven Sinne. Umgangssprachlich jedoch werten wir Kritik meist negativ und verwenden das Wort, wenn wir einen Tadel aussprechen oder einer an uns adressiert wurde.

Kritik ist zwar nicht leicht zu ertragen (zumindest im negativen Sinne), dennoch ist sie hilfreich und für unsere Entwicklung unabdingbar – vorausgesetzt, sie wurde angemessen geäußert. Denn die Art und Weise, wie Kritik geübt wird, kann es uns leicht oder schwer machen, diese anzunehmen.

Getrost ignorieren können Sie solche Bemerkungen, die mehr persönlich als sachlich formuliert sind. Der Kommentar über das Rotwerden zum Beispiel entbehrt jeglicher sachlichen Grundlage – niemand ist berechtigt, Sie deswegen anzusprechen und in Verlegenheit zu bringen.

Einen „guten“ Kritiker erkennen Sie daran, dass dieser …

… sich präzise ausdrückt und seine Kritik erklärt bzw. nachvollziehbar begründet.

… Sie nicht persönlich angreift, sondern an der Sache interessiert ist.

… sich für ein Kritik-Gespräch Zeit nimmt bzw. auf Nachfrage dazu bereit ist.

… über Kompetenz in der Sache verfügt und diese daher beurteilen kann.

… Ihnen anbietet, Ihnen Hilfestellung zu leisten oder Sie beim Veränderungsprozess zu begleiten.

… Ihnen im Idealfall positiv gesinnt ist.

Eine unmittelbare Reaktion auf Kritik ist übrigens gar nicht immer notwendig. Es ist völlig legitim, wenn Sie über das Gehörte nachdenken möchten oder für die Erledigung des kritisierten Umstands noch etwas Zeit benötigen. Bedanken Sie sich dann für das offene Wort und sagen Sie, dass Sie darüber eine Nacht schlafen möchten. Oder dass Sie diesen Punkt bis heute Mittag erledigen können. Oder geben Sie ganz offen zu, dass Ihnen dieser Umstand so nicht bewusst war und Sie diesen Punkt selbstverständlich unmittelbar nacharbeiten werden.

Manchmal ist es jedoch gar nicht so einfach, einen wohlmeinenden Kritiker vom unbrauchbaren Sprücheklopfer zu unterscheiden. Wenn Sie sich nicht sicher sind, mit welcher Spezies Sie es zu tun haben, so fühlen Sie der Person mit nachforschenden Fragen auf den Zahn. Zum Beispiel:

- Wie stellen Sie sich eine Lösung des Problems vor?
- Wie würden Sie vorgehen?
- Was schlagen Sie vor?

Wer ein brauchbarer Kritiker ist, der kann Ihnen auf diese Fragen inhaltlich fundierte Antworten geben. Wer eher in das Lager der Sprücheklopfer gehört, von dem können Sie nun mit einem weiteren blöden Spruch rechnen. Im letztgenannten Fall heißt es dann: Feuer frei für eine Schlagfertigkeitstechnik Ihrer Wahl!

Wenn die Peinlichkeit von uns Besitz ergreift

Wechseln wir doch nun einmal die Seiten. Es ist ja durchaus denkbar, dass wir selbst mal ins Fettnäpfchen treten und unsere eigene Bemerkung keineswegs gelungen erscheint. Nicht selten handelt es sich dabei um Bemerkungen, die gar nicht böse gemeint waren – oft sogar im Gegenteil. So berichtete man mir kürzlich, dass man in einem Geschäft eine Verkäuferin angesprochen und ihr zum bevorstehenden Nachwuchs gratuliert hätte. Daraufhin sagte die Verkäuferin, dass sie keineswegs schwanger sei. Er stellte sich heraus, dass sie bei sommerlichen Temperaturen einfach nur ein sehr weites Kleid getragen hatte, das den Kunden eben eher an Umstandsmode erinnerte. Und nun? Ganz sicher wäre es keine gute Idee gewesen, wenn sich der Kunde an die Wahrheit gehalten und das Erscheinungsbild inklusive des weiten Kleides thematisiert und sich dadurch aus der Affäre zu ziehen versucht hätte. Dann hätte es ja schon fast so angemutet, als wollte man der Verkäuferin mitteilen, dass sie an der peinlichen Situation ja irgendwie auch selbst schuld sei. Sinnvoll ist es dann nur, die Flucht nach vorne anzutreten. In diesem Fall hatte sich der Kunde dafür entschieden, sich zu entschuldigen und zu begründen: Er gab etwas von sich selbst preis und erzählte, dass seine Frau schwanger und er seither so auf das Thema fokussiert sei, dass er wohl schon Gespenster sehen würde. Nichtsdestotrotz hat er nach eigenen Erzählungen in der Zwischenzeit das Ladengeschäft nicht mehr betreten – die Peinlichkeit wog wohl doch zu schwer.

Auf gar keinen Fall verwenden Sie bei einem Fehltritt Ihrerseits Formulierungen wie folgt:

- „Bitte, das muss Ihnen jetzt nicht peinlich sein ...“ (nein wirklich nicht, denn Sie selbst sind in der Situation, dass es Ihnen peinlich sein sollte!)
- „Oh, Entschuldigung, ich wollte Sie nicht treffen ...“

Außerdem ist jegliches Nachfragen vollkommen fehl am Platze. „Sind Sie wirklich nicht schwanger?“ oder „Haben Sie wirklich ...?“ befördern den armen Tropf in die Situation, dass er sich zum Thema äußern muss und genau das sollten wir ihm nicht aufzwingen.

Mir selbst ist es vor ein paar Monaten so ergangen, dass ich auf meinem Spaziergang mit dem Hund eine Frau mit einem sehr jungen Hund traf und wir den Weg gemeinsam fortsetzten. Dabei erzählte sie mir, dass das nicht ihr erster Hund sei und dass ihr Mann ja eigentlich keinen weiteren Hund mehr hätte haben wollen. Daraufhin sagte ich: „Lassen Sie mich raten – mittlerweile ist Ihr Mann Feuer und Flamme für den kleinen Vierbeiner." Daraufhin antwortete die Spaziergängerin: „Nein, mittlerweile ist er tot." Was glauben Sie, wie ich vom Donner gerührt war. Damit hatte ich natürlich überhaupt nicht gerechnet – zumal es sich um einen so jungen Hund handelte und ich davon ausging, dass man sich gemeinsam für den Familienzuwachs entschieden hätte. Siedend heiß fiel mir ein, dass die Formulierung „Feuer und Flamme sein" nun erst recht vollkommen unangemessen gewesen sein musste. Ich entschied mich daher für die Flucht nach vorn und sagte ganz schlicht: „Bitte entschuldigen Sie, das wusste ich nicht und es tut mir sehr leid." Für die Spaziergängerin war die Sache damit zum Glück erledigt und wir setzten unsere Gassi-Runde bei erstaunlich ungetrübter Stimmung fort ...

Fragen wir uns nun, warum uns überhaupt etwas so peinlich sein kann und was dann eigentlich bei uns abläuft. Im Regelfall empfinden wir alles als peinlich, was das Bild, das wir bei anderen abgeben wollen, gefährdet. Darum kann es uns schon peinlich sein, wenn wir einen Mitfahrer im Auto haben und beim Spurwechsel von anderen Autofahrern wütend angehupt werden. Denn eigentlich wollten Sie vor Ihrem Mitfahrer den Eindruck eines guten und umsichtigen Fahrers erzeugen (bestimmt sind Sie auch einer und nehmen das zurecht für sich in Anspruch) und nun sieht es aus, als wäre dem nicht so.

Wenn uns etwas peinlich ist, dann können wir eine Bandbreite an Reaktionen an uns beobachten: Manch einer weicht mit dem Blick aus, ein anderer neigt zu konfuser Geste und ein Dritter beißt sich auf die Lippen oder läuft rot an. Alle Reaktionen lassen sich erklären: So ist Gestik, die ins Gesicht geht, ein Zeichen von Unsicherheit. Wer sich auf die Lippen beißt, bestraft sich selbst für Gesagtes und verhindert, dass ihm auf ein Neues etwas Unpassendes über die Lippen rutschen könnte. Und insbesondere dieses Rotwerden ist eine gemeine Sache: Glauben wir der Wissenschaft, so verfolgt das Erröten einen ausgesprochen sinnvollen Zweck. Auch wenn es schwer zu glauben ist, so lautet dieser: Alle sollen es sehen! Denn das Erröten gilt als Signal der Beschwichtigung. Und wer rot anläuft, gibt den anderen zu verstehen, dass er ungefährlich ist, nicht angreifen wird und auch selber nicht angegriffen werden müsste. Darum erröten auch nur die Körperpartien, die für andere sichtbar sind – nie handelt es sich darum dabei um den Rücken oder den linken Fuß. Und selbst wenn wir das Gefühl haben, dass unsere Körpertemperatur sich in der roten Birne gerade verdoppelt hat, so ist sie in Wahrheit nicht einmal um ein Grad Celsius gestiegen. Die Blutgefäße unter der Haut dehnen sich aus, es fließt mehr Blut durch die geweiteten Adern und so sieht die Haut darüber flächig rot aus. Bis dieser Effekt eingetreten ist, ist übrigens nicht viel Zeit ins Land gegangen: Gerade mal 15 Sekunden dauert es, bis wir einen roten Kopf bekommen haben. Bis sich das Ganze wieder in Luft aufgelöst und auf normale Farbigkeit zurückgefunden hat, brauchen wir allerdings eine Minute Geduld.

Was gegen einen roten Kopf hilft: Schnappen Sie nach Luft und stellen Sie sicher, dass Sie genug Sauerstoff bekommen. Denn wenn wir uns erschrecken, neigen wir dazu, die Luft anzuhalten. Leider hilft uns diese Sauerstoffarmut weder dabei auf eine pfiffige Erwiderung zu kommen, noch unsere Gesichtsfarbe wieder in den normalen Bereich zurückzuschrauben. Außerdem wird Ihnen der Aufbau einer Ritterrüstung (vergleiche die vorherigen Kapitel) dabei helfen, dass eine Bemerkung bei Ihnen nicht so gemein ins Schwarze treffen kann. Denn wenn sie etwas nicht treffen konnte, ist es Ihnen auch nicht peinlich und Sie werden dementsprechend auch nicht erröten.

Schlagfertigkeit als Sympathiefaktor

Lassen Sie mich Ihnen vorweg drei Beispiele schildern, die deutlich machen werden, dass Schlagfertigkeit nicht nur eine Form der Verteidigung darstellt. Schlagfertigkeit ist auch ein wunderbares rhetorisches Mittel, um Sympathiepunkte zu sammeln, die Kommunikation zu stärken und Lacher auf seine Seite zu holen.

1. Bei einem Arztbesuch gab mir der Arzt einen Zettel mit handschriftlichen Notizen darauf und bat mich, diesen Zettel bei seinen Helferinnen am Empfang abzugeben und mit ihnen das weitere Vorgehen abzuklären. Ich nahm den Zettel, warf einen Blick darauf und musste feststellen, dass ich kein einziges Wort entziffern konnte. Daraufhin fragte ich den Arzt, ob seine Helferinnen das denn auch lesen könnten – denn bevor ich es ihnen erklären könnte, müsste er mir zuvor schon noch einen Crashkurs in Sachen Graphologie geben. Daraufhin fing der Arzt an, laut zu lachen und erwiderte, dass wir das aufs nächste Mal verschieben würden. Mit diesem heiteren Ausklang gingen wir auseinander und ich bin sicher, dass wir uns bei meinem nächsten Besuch noch positiver begegnen werden.

2. Eine Freundin von mir hatte ein Ehepaar zu Besuch. Sie war zu diesem Zeitpunkt hochschwanger und die Ehefrau warf verblüfft einen Blick auf die Beine der Hochschwangeren, um ihr dann zu erzählen, dass sie wirklich beeindruckt sei, dass die Freundin noch hohe Schuhe und einen Rock tragen würde. Bei ihrer Tochter sei es so gewesen, dass diese gegen Ende ihrer Schwangerschaft nur noch in Badelatschen gepasst hätte. Als der Ehemann hinzukam, sagte die Ehefrau zu ihm: „Hans, hast Du die Beine gesehen? Guck Dir mal die Beine an!“ Das war dem Ehemann sichtlich unangenehm, dass er nun so direkt aufgefordert wurde, auf die Beine einer anderen Frau zu achten. Daraufhin nahm ihm meine Freundin die Beklemmung, indem sie lachend zu ihm sagte: „Na, das ist ja mal eine Aufforderung, die man normalerweise von seiner Frau nicht so oft zu hören bekommt, oder?“ Da musste der Ehemann lachen, traute sich dann doch, einen Blick zu riskieren und die Sache war heiter zum Abschluss gebracht worden.
3. Eine Frau Mitte 60 machte immer wieder auf sich aufmerksam, weil sie bei einem Fußballabend mit Freunden während einer Europa-

meisterschaft so leidenschaftlich mitfieberte. Ihre Aufmerksamkeit galt jedoch eher weniger dem sportlichen Ereignis denn den knackigen Fußballspielern. Immer wenn einer ihrer Favoriten über den Bildschirm flimmerte, stieß sie Juchzer aus und vergaß nicht, allen mitzuteilen wie unglaublich sexy sie den jungen Mann fände. Das ging so weit, bis sich wirklich alle gestört fühlten und der ein oder andere die undefinierbaren Juchzer nicht nur als unangemessen, sondern sogar als unanständig einstufte. So wunderte es nicht, dass sich ein Teil der Fußballgemeinde absonderte. In dieser abgesonderten Runde konnte sich ein Besucher nicht verkneifen anzumerken, dass wenn der junge Fußballspieler von seinem Glück wüsste, er wahrscheinlich einen riesigen Schrecken bekommen würde. Daraufhin sagte ein anderer: „Na ja, um da Freude auszulösen, liegen wahrscheinlich mindestens genauso viele Kilos wie auch Jahre dazwischen."

In allen drei Beispielen haben die schlagfertigen Bemerkungen andere zum Lachen gebracht und dadurch Nähe erzeugt. Die ersten beiden Beispiele sind in ihrer Harmlosigkeit kaum zu übertreffen. In der drittgenannten Anekdote ging der schlagfertige Spruch auf Kosten einer anderen Person – ob das die ganz feine Art ist, darüber lässt sich natürlich streiten. Jedoch war die Gruppe zu diesem Zeitpunkt schon so miteinander verschworen bzw. es war klar, dass man in dieser Angelegenheit eine sehr ähnliche Meinung vertrat, dass es wohl ein überschaubares Risiko war, einen solchen Spruch loszulassen. Auch meinen Forscher, dass wir einfach besonders gern über unsere Mitmenschen lachen. Passiert dem Gegenüber etwas Unerwartetes oder Peinliches, können wir uns regelrecht kaputtlachen und es schießen uns mitunter sogar Tränen in die Augen. Daneben ringt uns die Schadenfreude gern und häufig ein Kichern ab – wahrscheinlich deshalb, weil wir uns dann dem „Unglücksvogel" gegenüber überlegen fühlen und so unser Selbstwertgefühl stärken. Doch vergessen Sie nicht, ein geflügelter Spruch lautet: „Was Paul über Paula sagt, sagt manchmal mehr über Paul als über Paula." Mit dem, was Sie über andere sagen, sagen Sie stets auch eine ganze Menge über sich selbst aus.

Alle drei Beispiele zeigen: Lachen schweißt zusammen oder lässt einen zumindest näher zusammenrücken. Doch warum ist das so? Psychologen haben herausgefunden, dass Lachen weit mehr ist als eine bloße reflexartige Kontraktion der Bauch- und Gesichtsmuskulatur. Lachen ist demnach soziale Interaktion und daher eine besonders intensive Form der Kommunikation. Das gilt selbst dann, wenn zwei Menschen gar nicht von Angesicht zu Angesicht miteinander kommunizieren. So zum Beispiel, wenn sie nur miteinander telefonieren: Selbst dann spüren sie, ob der Gesprächspartner am anderen Ende der Leitung ein Lächeln auf den Lippen hat. Die Unterscheidung können wird vor allen Dingen deshalb treffen, weil ein Lächeln die Stimmmelodie, die Atmung und auch den Sprachrhythmus ändert.

Und dass wir sehr gerne lachen, daran besteht kein Zweifel: Die Zahl der Comedy-Sendungen schießt in die Höhe und zu Zeiten des Karnevals übertragen sogar die öffentlich-rechtlichen Fernsehsender die entsprechenden Klamauksitzungen. Wer sich jedoch einmal alleine vor den Fernseher wagt, um sich eine solche Sendung anzusehen, der wird allenfalls still in sich hineinlächeln.

Das liegt daran, weil die wenigsten Menschen lachen, wenn sie alleine auf dem Sofa sitzen. Viel intensiver freuen wir uns (und lachen wir), wenn wir uns in einer Gruppe befinden. Auch hieran zeigt sich wieder, das Lachen in erster Linie ein Mittel der Kommunikation ist – wer mit anderen lacht, der kommuniziert einfach hervorragend mit ihnen. Lachen ist sozialer Kit – und wer die Lacher auf seine Seite ziehen kann, tut sich mit der sozialen Interaktion leichter.

Fast schon wichtiger als die Pointe ist dabei jedoch die Konstellation der Menschen untereinander, die in einer Gruppe miteinander Freude teilen. Denn wenn zum Beispiel der Vorgesetzte eine vermeintlich witzige Bemerkung macht, ist es aller Wahrscheinlichkeit nach so, dass alle Mitarbeiter munter mitlachen – das bedeutet jedoch noch lange nicht, dass die Bemerkung wirklich witzig war. Oftmals kommen die Mitarbeiter einer Erwartungshaltung nach, um ihren Vorgesetzten in seiner Rolle als Führungskraft zu bestätigen und weil sie anderenfalls Angst vor negativen Konsequenzen haben. Schlecht für die Mitarbeiter, dass wir (und so auch der Chef) erstaunlich gut unterscheiden können, ob es sich bei dem Lachen um echte oder aufgesetzte

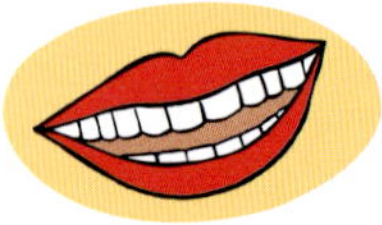

Freude handelt: Ein echtes Lachen entsteht unmittelbar nach dem Lachreiz, man schließt dabei die Augen und zeigt mehr oder weniger viele Lachfalten. Ein aufgesetztes Lachen entsteht erst später, erfolgt mit geöffneten Augen, das Schmunzeln reicht kaum über den Mund hinaus und erreicht die Augen nicht – Lachfalten sind daher eher Fehlanzeige und das entlarvt einen unechten Lacher in Windeseile.

Wer meint, vor allen Dingen durch Witze Sympathiepunkte sammeln zu können, der irrt übrigens: Lediglich 20 Prozent aller Lacher werden durch einen Witz hervorgerufen. Eine Studie aus Großbritannien beteiligte 500 Menschen aus insgesamt 70 Ländern daran, den besten Witz der Welt zu finden. Nebenbei wollte man mehr über interkulturelle Unterschiede in Sachen Humor herausfinden. Dabei stellte sich heraus, dass die deutschen Teilnehmer die Witze im Vergleich zu anderen Nationen am lustigsten fanden. Daraus schloss man nicht, dass die Deutschen einen ausgeprägten Humor haben, sondern dass sie bei dem, über das sie lachen, nicht besonders wählerisch sind. So ließ sich bei fast jeder Nation eine

Vorliebe für eine bestimmte Art von Witz erkennen – nur nicht bei den Deutschen, denn die lachten ja über alles.

- Der Lieblingswitz der Engländer lautete: „Eine Frau steigt mit ihrem Baby in einen Bus. Der Busfahrer sagt: ‚Das ist das hässlichste Baby, das ich je gesehen habe!' Stinksauer setzt sich die Frau in den hinteren Teil des Busses und sagt zu ihrem Sitznachbarn: ‚Der Fahrer hat mich beleidigt.' Daraufhin sagt der Mann: ‚Gehen Sie ruhig nach vorne und beschweren Sie sich – ich halte solange den Affen für Sie.'"
- Der Lieblingswitz der Kanadier lautete: „Als die NASA damit begann, Astronauten in den Weltraum zu schicken, fanden sie schnell heraus, dass Kugelschreiber in der Schwerelosigkeit nicht funktionieren. Um dem Problem zu begegnen, forschte die NASA ein Jahrzehnt und gab 12 Milliarden Dollar aus, um einen Stift zu entwickeln, der in der Schwerelosigkeit schreibt, kopfüber, unter Wasser, auf allen Oberflächen und bei fast jeder Temperatur. Die Russen benutzten einen Bleistift."
- Der japanische Sinn für Humor erschließt sich der westlichen Welt nur schwer. In Tokio lachen die Menschen anscheinend besonders

gerne über Witze, die die Enge in der Stadt thematisieren. Zum Beispiel: „Da sind 10 Ameisen. Und danke!“

- Auch stellte man fest, dass Männer und Frauen über unterschiedliche Witze lachen können. Ein Mann bevorzugt beispielsweise folgende amüsante Erzählung: „Ein Mann wird von der Polizei angehalten. Der Polizist fragt: ‚Haben Sie nicht bemerkt, dass Ihre Frau und ihre Kinder aus dem Auto gefallen sind?‘ ‚Gott sei Dank‘, sagt der Mann, ‚ich dachte schon, ich sei taub geworden.‘“ Frauen dagegen bevorzugen den etwas subtileren Humor, der sich nicht selten nur mit Andeutungen begnügt: „Ein stolzer Vater hat sechs Kinder. Er ruft seine Frau zu deren Missfallen immer ‚Mutter von Sechs‘. Eines Abends brüllt er auf einer Party quer durch den Raum: ‚Mutter von Sechs, wir gehen jetzt.‘ Sie antwortet: ‚Bin gleich so weit, Vater von Vieren.‘“
- Ganz weit oben stand auf der Rangliste der britischen Studie ein Witz um Sherlock Holmes und Dr. Watson: „Sherlock Holmes und Dr. Watson gehen zelten. Mitten in der Nacht weckt Sherlock Holmes seinen Zeltgenossen auf: ‚Was sehen Sie, Watson?‘ Watson: ‚Ich sehe

Sterne am Himmel.' Holmes: ‚Was folgern Sie daraus?' Watson: ‚Dass es im Universum viele Planeten gibt und sicherlich auch welche, die der Erde ähnlich sind. Das heißt, es könnte irgendwo noch intelligentes Leben geben.' Holmes: ‚Nein Watson, Sie Idiot. Es bedeutet, dass man uns gerade das Zelt geklaut hat.'"

- Als Sieger der britischen Studie ging jedoch der folgende Witz hervor: „Zwei Jäger gehen auf die Jagd und wandern durch den Wald. Plötzlich greift sich der eine an die Kehle und stürzt zu Boden. Der andere Jäger gerät in Panik und ruft den Notarzt an: ‚Ich glaube, mein Freund ist tot, was jetzt?' Der Arzt sagt: ‚Beruhigen Sie sich! Zunächst einmal müssen Sie sicher gehen, dass Ihr Freund wirklich tot ist.' Kurze Pause, dann ein Schuss. Dann kommt er wieder ans Telefon: ‚Okay, erledigt, und was jetzt?'"

Sollten Sie sich dafür entscheiden, auf einer Party pfiffig, charmant und schlagfertig erscheinen zu wollen, indem Sie einen Witz zum Besten geben, dann sollten Sie sich (mit Ausnahme des japanischen Humors) sinngemäß an den obigen Beispielen orientieren. Diese sind durchaus harmlos und diskriminieren nicht. Wer Witze unterhalb der Gürtellinie erzählt, der kommt

Studien zufolge damit besonders gut bei älteren Menschen oder bei Kindern (so genannter Fäkalhumor) an – davon würde ich Ihnen jedoch gänzlich abraten, Fettnäpfchen sind hier doch zu reich gesät.

Wir halten also fest, das Lachen sympathisch macht und Menschen einander näher bringt. Gelingt es Ihnen, Ihr Gegenüber zum Lachen zu bringen, lösen Sie im anderen ein Glücksgefühl aus, das dieser in Verbindung zu Ihrer Person setzt. Selbstverständlich können Sie in diesem Zusammenhang ebenfalls auf Schlagfertigkeit zurückgreifen, die wir dann weder als Verteidigungs- noch als Angriffsstrategie sehen, sondern als ein starkes Mittel der Kommunikation. Daher abschließend ein paar Tipps auf dem Weg zu einer pfiffigen Bemerkung:

- Erfolgversprechend sind witzige Bemerkungen, die wir über uns selbst machen. Denn wem könnten wir da auf die Füße treten – außer uns selbst? Auch mögen wir Menschen, die sich selbst nicht immer bierernst nehmen, sich ihrer Schwachstellen bewusst sind und sich selbst auf die Schippe nehmen können. Barbara Schöneberger antwortete beispielsweise auf die Frage hin, ob sie es besser fände, ein Haarmodel zu sein, als für Kartoffelsalat zu werben: „Ich habe mich immer gewundert, warum mich nie jemand wegen meiner Haare bucht. Das ist das Einzige an mir, was immer gleich geblieben ist. Kurz vor der Rente decke ich also endlich beides ab: Food und Beauty."

- Machen Sie es sich zu eigen, die Sichtweise wechseln zu können. Sie haben Ihre eigene Einschätzung der Dinge, aber wie könnte man die Lage darüber hinaus sehen? Am Anfang des Kapitels haben die drei genannten Beispiele ihren Humor teilweise genau diesem Umstand zu verdanken: Beim weiblichen Fußballfan wechselte man die Sichtweise und fragte sich, wie das wohl der Spieler sehen würde. Beim Ehemann fragte man sich, wie dieser wohl die Aufforderung seiner Frau einschätzen würde, ein Paar fremde Beine zu bestaunen. Auch hier können wir Barbara Schöneberger bemühen, die gefragt wurde, ob sie flexibel sei. Daraufhin antwortete sie ironisch: „Oh ja, ich liebe es, Entscheidungen revidieren zu können." Auf diese Idee kam sie nur, weil sie in der Lage war, den Begriff „Flexibilität" von mehreren Seiten zu beleuchten.

- Überprüfen Sie, ob Sie die Dinge eher positiv oder eher negativ betrachten. Mit negativen Kommentaren lockt man eher keinen Hund hinterm Ofen hervor, da diese eher destruktiven als amüsanten Charakter haben.

Über die Autorin

Carolin Lüdemann ist Juristin, ausgebildeter Business-Coach und „eine von Deutschlands gefragtesten Karriereberaterinnen" (Sat.1). Ihre Vorträge und Seminare – praxisnah, lebendig und durch namhafte Referenzen ausgezeichnet – sind regelmäßig ausgebucht und unterstützen den Einzelnen dabei, die Wirkung auf seine Mitmenschen signifikant zu erhöhen.

Carolin Lüdemann ist Mitglied des Deutschen Knigge-Rats und spricht Empfehlungen für das stilgerechte Miteinander aus. Als Karriereexpertin bei verschiedenen TV-Sendern sowie bei anderen namhaften Medien – wie SWR Funk und Fernsehen, *DIE ZEIT* und *Welt* – ist sie regelmäßig für eine breite Öffentlichkeit präsent. An ihren Trainings nehmen Topmanager sowie High Potentials aus Industrie, Beratung und Verbänden teil.

Weitere Informationen unter www.carolinluedemann.de

Stichwortverzeichnis

Gefällt Ihnen dieses kleine Buch?

Sie sind öfter auf der Suche nach einem passenden Geschenk?

Wissen Sie, dass es noch mehr *Little Black Books* gibt?

Dann werfen Sie doch einen Blick auf unsere anderen „Kleinen Schwarzen“ aus den Bereichen:

- ***Essen und Trinken:*** Wein, Tee, Schokolade, Kaffee, Cocktails, Martinis, Shots & Shooters, Whisky, Sushi, Burger, Barbecue, Muffins, Pasta, Plätzchen, Salate & Dressings
- ***Erotik und Partnerschaft:*** Kamasutra, Sex, Sex-Geheimnisse, Küssen, Frauenverführung, Männerverführung, perfekte Hochzeit
- ***Hobby und Freizeit:*** Fußball, Picknick, die große Reise, Tarot
- ***Praktische Hilfe und mehr:*** Babynamen, Weg nach oben, berühmte Gedankenspiele, Knigge, Träume, Internet- und Passwort-Organizer, kluge Worte, Glück, Schlagfertigkeit

Eine aktuelle Übersicht über die im Buchhandel erhältlichen *Little Black Books* finden Sie unter: http://www.lbb.wiley-vch.de